Annual Report on the
Internationalization of Renminbi, 2016

人民幣國際化報告2016
貨幣國際化與宏觀金融風險管理

中國人民大學國際貨幣研究所◎著

〈下冊〉

編委名單

目　錄

第七章

銀行國際化及風險防範

　　隨著中國經濟對外開放以及人民幣國際化程度的進一步提高，銀行的外部運行環境正在發生顯著變化，銀行將迎來巨大的國際化發展空間，推動其在客戶和產品兩個維度加快提升海外業務規模及收入來源。隨著海外業務、資產及收入占比的上升，銀行將面臨更加複雜的市場環境和監管要求，其風險暴露在數量和結構方面都將出現巨大的調整，要求其不斷強化風險管控機制，防範各種風險事件可能帶來的衝擊。

7.1　國際化現狀與發展機遇

7.1.1　國際化經營成為趨勢

　　在中國的金融體系中，銀行一直是配置金融資源、提供金融服務的主力軍。無論是對外開放的市場化結果，還是銀行自身轉型的需要，銀行當前都在積極推行國際化戰略，而且將國際化程度作為衡量銀行綜合競爭力的主要指標之一。中資銀行高度重視在國際金融市場籌集資金、尋找客戶、擴大業務範圍，有效地優化資源配置，降低資產組合的風險。銀行將從金融產品多元化和客戶基礎國際化兩個角度著手，提升資產負債表及總體收益的國際化程度。目前，中國大多數商業銀行和政策型銀行都處於國際化的起步和發展階段。中國

銀行作為國際化程度最高的大型國有商業銀行，2015年其境外資產占比和境外利潤占比分別為27.01%和23.64%，與多數「全球系統重要性銀行」相比仍存在一定的差距。為了配合企業「走出去」和「一帶一路」戰略，政策性銀行也加入了國際化行列。截至2014年年底，國家開發銀行國際業務項目遍佈全球115個國家和地區，國際業務貸款達到3 198億美元。[1]中國進出口銀行2014年全年發放貸款9 210億元，2015年末在「一帶一路」沿線國家貸款餘額超過5 200億元人民幣。[2]然而，從資產和利潤的角度來看，在大型商業銀行境外資產占比和境外利潤占比的比較中，中資銀行的平均水準遠低於西方主流的國際性銀行（見圖7—1和圖7—2）。

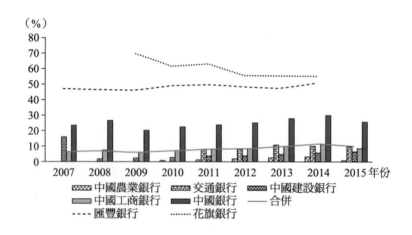

圖7—1　大型商業銀行境外資產占比

注：「合併」指中資銀行平均值。

資料來源：各銀行歷年年報。

1　參見《國家開發銀行國際業務宣介手冊》。
2　參見《中國進出口銀行2014年年報》。

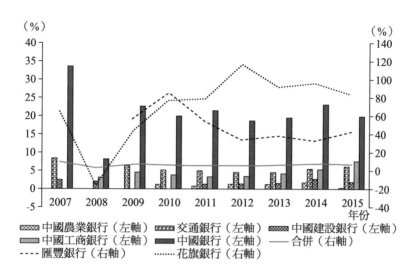

（%）

40
35
30
25
20
15
10
5
0
-5

（%）

140
120
100
80
60
40
20
0
-20
-40

2007　2008　2009　2010　2011　2012　2013　2014　2015
年份

▨ 中國農業銀行（左軸）　▨ 交通銀行（左軸）　▨ 中國建設銀行（左軸）
▨ 中國工商銀行（左軸）　■ 中國銀行（左軸）　── 合併（右軸）
---- 匯豐銀行（右軸）　········ 花旗銀行（右軸）

圖7―2　大型商業銀行境外利潤占比

注：「合併」指中資銀行平均值。

資料來源：各銀行歷年年報。

　　根據銀行跨國經營的客觀規律，在起步和初級階段，銀行主要採取的是跟隨戰略，跟隨本國企業跨境經營，為跨國企業提供所需的金融服務。由於我國企業從2003年才開始大規模「走出去」，跨國經營的時間較短，而且區域分佈很不均衡，這就使得銀行的國際化擴張速度較慢，新設機構和併購十分謹慎，機構設置數量少，地域化拓展有限。受制於海外機構數量和層次，中資銀行業務的國際化水準不高、服務對象窄、業務種類少等問題依然存在。與成熟的國際領先銀行相比，中資銀行的綜合化經營程度較低，貸款業務占總資產比例、利息收入占總收入比例較高。海外的中資銀行基本延續母行在國內市場的業務模式，以傳統對公業務為主，傳統的貸款、銀團貸款、貿易融資、國際結算和清算是其核心業務。鑒於銀行內部的「績效考核」仍注重規模指標，中資銀行的海外業務增長大多體現為信貸資產規模的連年迅速增長。

7.1.2 金融產品與金融服務多元化

人民幣國際化的快速推進為中資銀行的國際化創造了良好的條件，推動中資銀行加快實現業務創新和轉型，實現金融產品和金融服務多元化。特別是，在國際結算、外匯買賣、國際信貸、債務發行、國際清算等傳統國際業務的基礎上，根據新的市場需求，及時設計並提供多元化的人民幣產品體系。

1. 人民幣投資和融資相關產品需求大幅上升

隨著人民幣國際化提速，人民幣逐步成為國際認可的計價和結算工具，大大激發了境內和離岸市場的人民幣投融資需求。例如，2015年，以人民幣進行結算的直接投資累計發生2.32萬億元，較2014年的1.05萬億元增長了1.21倍，較2013年增長近3倍。其中金融機構對外直接投資11 116.31億元，較2014年增長了35%，較2013年增長了約53%。[1] 2014年11月，中國人民銀行發佈了《關於人民幣合格境內機構投資者境外證券投資有關事項的通知》，對人民幣合格境內機構投資者（RQDII）業務正式開閘，進一步支援境外人民幣產品創新，支援離岸人民幣業務發展。隨著人民幣跨境使用規模的快速增長，香港、臺北、新加坡、倫敦、盧森堡等人民幣離岸市場存款規模逐年擴大，為離岸人民幣投融資市場提供了資金保障，這些離岸市場推出了以人民幣計價的各類產品，其中以離岸人民幣存款證和債券為主，二者的金額從2010年的415億元增加到了2014年的5 640億元。[2]

為了適應市場需求的新變化，推動在岸市場與離岸市場之間的融合聯通，中資銀行進行了大量的創新，進一步完善人民幣流出安排和回流機制的對接，形成產品流、資金流的循環互動。[3] 2014年中資銀行共發行離岸人民幣籌資工具3 094億元，是2011年的4.89倍，平均增長率達171%，其中股份制商業銀行共發行82億元，占整體規模的2%。

1　參見Wind資訊。
2　參見藍天昱：《人民幣國際化背景下中資商業銀行境外籌資研究》，載《新金融》，2015(8)。
3　參見夏丹、武雯、汪偉：《「一帶一路」戰略下的商業銀行業務發展契機與策略建議》，載《新金融》，2015(9)。

隨著人民幣國際認可程度的提高，與投資相關的金融交易類產品的需求快速上升，人民幣國際化將由貿易驅動逐漸轉為投資計價及金融產品發展驅動，促使中資銀行加快發展人民幣投資和融資相關產品。根據當前國際金融市場的特點，可以預料，資本專案下的人民幣債券交易將大幅增加。主要包括：

（1）固定收益類產品。根據在岸市場開放程度的差異及離岸人民幣產品類別，人民幣債券等固定收益類產品將逐漸成為境外機構配置人民幣資產的首要投資標的。中資銀行已經成為離岸市場點心債的主要交易機構，亦可以進入在岸債券市場，具有一定的投資額度。此類機構可以充分發揮自身在離岸和在岸兩個市場的交易優勢，根據境外需求的特殊性，開發更多固定收益類產品，滿足投資需求。

（2）人民幣貨幣基金產品。人民幣貨幣基金產品具有資金調度靈活、收益率理想、低風險等特點，是相當一段時間內的人民幣投資熱門產品。中資銀行發揮各自的產品優勢發展了一定數量的人民幣貨幣基金產品，拓寬了投資產品交易管道，吸引了大批非銀行機構投資者及個人投資者。

（3）人民幣計價衍生產品。中資銀行在美元、歐元等主流投資產品上具備一定的業務經驗後，開始探索將美元等非人民幣投資產品改造為人民幣計價產品的可行性，豐富人民幣產品選項。目前，全球一些交易所陸續推出人民幣計價的衍生產品，如香港和倫敦交易所提供人民幣期貨合約產品，美國CME、新加坡交易所和巴西期貨交易所相繼推出人民兌美元及當地貨幣的期貨產品。

2. 人民幣外匯交易類產品快速增加

隨著人民幣國際化程度進一步提升，人民幣外匯市場的海外參與主體日益增多，外匯市場的人民幣需求越來越大。在資本項目尚未完全開放之前，離岸市場將是獲取人民幣資金的重要管道。預計在未來一段時間內，境外機構會利用CNH市場進行貨幣兌換和資產配置，管理自身的匯率和利率風險，並利用各種離岸人民幣衍生產品配合實體經濟需要，為離岸市場帶來更多資金。CNH外匯交易、兌換交易和拆借交易將日趨活躍，即期和遠期人民幣兌換量快速增長，據統計，離岸市場人民幣外匯交易量約2 300億美元/天，排名大致在全球

第五位，交易量占比約為2.3%，遠低於美元的42%和歐元的13.4%。人民幣投融資產品需求的增長將直接刺激人民幣外匯交易量。未來外匯交易活動在離岸及在岸人民幣市場的重要性均將持續上升，交易量將顯著增長。

3. 構建區域性人民幣清算平臺

據環球銀行金融電信協會（SWIFT）統計，2015年12月，人民幣在全球支付市場中的份額為2.31%，較上月增長了0.03%，繼續保持著全球第五大支付貨幣、第二大貿易融資貨幣的地位。[1] 人民幣日漸成為國際計價、結算及投融資貨幣。為了滿足人民幣的國際清算需求，通過指定清算行，由中國大型商業銀行的境外機構充當區域性人民幣清算平臺，連接境外金融機構，形成人民幣全球性的清算網路，提供高效、便捷的清算服務。隨著人民幣產品多元化和業務的擴張，中資銀行的人民幣清算業務將不斷增加，海外的戰略佈局得以擴充，同時能夠加強和海外其他行之間的聯繫，形成促進互補的作用。此外，在清算過程中，隨著清算管道的擴張和清算帳戶鏈條的延長，中國商業銀行體系內將不斷積累境外銀行帳戶和非居民帳戶，進而產生大量境外的管道和客戶資源，為中國商業銀行的國際化經營提供更多便利（見表7—1）。

表7—1 中國人民幣清算行的分佈區域

區域	地點
亞洲	香港
	澳門
	臺北
	寮國萬象
	新加坡
	柬埔寨金邊
	韓國首爾
	卡達杜哈

1　https://www.swift.com.

續前表

區域	地點
亞洲	馬來西亞吉隆坡
	泰國曼谷
大洋洲	澳洲雪梨
歐洲	英國倫敦
	德國法蘭克福
	法國巴黎
	盧森堡
	匈牙利
	瑞士蘇黎世
北美洲	加拿大多倫多
南美洲	智利聖地牙哥
	阿根廷
非洲	南非約翰尼斯堡
	尚比亞

資料來源：中國人民銀行；《人民幣國際化報告（2015）》，北京，中國人民大學出版社，2015。

7.1.3 海外擴張與機構佈局

　　儘管已經實現亞洲、美洲、歐洲、非洲等區域的佈局，並取得了可喜可賀的突破和成就，但總體而言，中資銀行的國際佈局嚴重不平衡。香港等近緣地區仍然是大多數銀行國際化戰略的首選。以香港為代表的近緣地區憑藉經濟往來的密切度、歷史文化等因素，以及國際金融中心和人民幣清算中心的地理區位優勢，在中資銀行的境外業務中占據重要組成部分。因此，如何實現盈利管道多元化、推進國際化戰略是中資銀行參與國際競爭、提升全球競爭力的重要課題。

　　「一帶一路」倡議規劃了中國對外經濟合作的新方向，有助於推進中資銀行海外機構的合理佈局。2015年3月28日國家發展改革委、外交部、商務部

經國務院授權進一步聯合發佈了《推動共建絲綢之路經濟帶和21世紀海上絲綢之路的願景與行動》，通過支持沿線國家的基礎設施建設及通過與沿線各國合作，打造區域利益和命運共同體，聯繫亞太和歐洲經濟圈，實現全球的互聯互通。[1] 在這一倡議下，沿線國家基礎設施建設激發的中長期投融資需求，貿易便利化帶來的跨境貿易增長，經濟互聯互通帶來的資金流動，都將進一步打開跨境支付結算市場，為中資銀行的發展提供機遇。中資銀行可以憑藉自身的雄厚實力及在海外的佈局，選擇銀團貸款方式，為基建和大型設備出口的中長期融資需求提供融資服務，並結合實際對跨境貿易的融資需要提供出口買方信貸、出口賣方信貸、信用證等多種融資產品和國際結算業務。[2]

「一帶一路」戰略實施促進了沿線經濟貿易發展，為中資銀行進一步擴大和完善海外機構佈局，完善清算體系，加強與外匯市場資金清算平臺的合作，構建本外幣全球清算網路提供了條件。截至2015年年末，我國五大國有商業銀行中，中國銀行擁有海外機構644家，中國工商銀行擁有海外機構404家，中國交通銀行擁有海外機構15家，中國農業銀行擁有海外機構17家，中國建設銀行擁有海外機構27家，總計1 000多個海外機構覆蓋了全球50多個國家，機構佈局多集中於發達國家和地區。政策性銀行中，目前國開行在境外設有1家分行和5家海外代表處，以及50多個海外工作組；中國進出口銀行到2015年末已開設1家境外分行和2家代表處，共與境內外1 355家銀行的總分支機搆建立了代理行關係，代理行網路覆蓋160多個國家和地區。[3]

相比全球性銀行，中資銀行在跨時區報價、交易等方面服務能力相對薄弱。中資銀行在全球佈局的過程中，在運作時間方面尚不能像主流國際銀行那樣提供全天候24小時交易服務，市場競爭力有待提高。

---

1 參見劉克、王曦：《人民幣國際化的關鍵問題及最新進展研究》，載《現代管理科學》，2015(7)。
2 參見夏丹、武雯、汪偉：《「一帶一路」戰略下的商業銀行業務發展契機與策略建議》，載《新金融》，2015(9)。
3 參見各銀行2015年年報。

7.1.4　人民幣國際化帶來新機遇

中資銀行在「走出去」的過程中，受到客戶基礎薄弱、發展後勁不足的嚴重制約。人民幣國際化將改善中資銀行的客戶服務能力，使其從機構和「走出去」企業方面加快客戶基礎建設，為其長遠發展提供巨大的潛力。

1. 增強中資銀行為「走出去」企業服務的能力

人民幣國際化程度的提升，一定程度上降低了中國企業的海外融資成本，有利於推動中國企業的海外業務發展，加快企業「走出去」步伐，為中資銀行拓展客戶基礎帶來新的機遇。

隨著我國開放的進一步深化，將會有越來越多的企業走出國門，站在國際舞臺上進行海外市場開拓和戰略佈局。伴隨著企業「走出去」，我國商業銀行可以積極提升自身的國際化水準，憑藉產品種類和服務經驗方面的優勢，與開發性、政策性金融形成互補，豐富及創新金融產品，強化實力，提高服務水準，打造「集出口信貸、項目融資、資源與貸款互換、併購融資、銀團貸款、融資租賃、內保外貸、跨境擔保為一體」的產品庫。[1]

由於中資銀行在國內有龐大的客戶基礎，可以更加便捷地為國內企業客戶「走出去」提供併購、資金融通和國際結算等專業金融服務，幫助企業搶占區域發展優勢地位，不斷擴大貿易與投資空間；實現內外聯動，獲得拓展新的資源和擴大國際業務的機會。還可以為企業提供規避風險的一系列匯率衍生產品，提供財務諮詢、風險管理、投資銀行等創新業務，通過供應鏈金融方式助力更多企業「走出去」。[2]

2. 央行、主權基金、超主權機構、交易所等機構客戶將成為中資銀行新的戰略性客戶

人民幣加入SDR後，具有了與美元、歐元等國際貨幣等同的儲備貨幣地位，

1　參見王碩、張春霞：《新常態下國有商業銀行戰略轉型及創新重點分析》，載《現代管理科學》，2015(10)。
2　參見夏丹、武雯、汪偉：《「一帶一路」戰略下的商業銀行業務發展契機與策略建議》，載《新金融》，2015(9)。

一定程度上清除了各國中央銀行大規模持有人民幣資產的技術障礙和法律障礙，使其能夠在做好風險控制的前提下配置和持有人民幣資產。因此，人民幣加入SDR將觸發全球央行和主權財富基金主動吸納人民幣資產，並帶動私人金融機構配置人民幣資產，這就為中資銀行擴充客戶基礎提供了更大的可能性。

長期以來，央行、主權基金、超主權機構、交易所等機構客戶對於合作銀行訂立了較高的准入門檻，絕大多數中資銀行被拒之門外，無法與其建立業務聯繫。但是，隨著人民幣投資和儲備貨幣功能的加強，雖然中資銀行仍存在相關經驗不足問題，但憑藉自身在人民幣產品設計、業務方面的豐富經驗及對國內政策和市場的充分了解和把握，中資銀行擁有了與此類機構客戶建立聯繫的敲門磚，可以成為境外機構客戶投資境內外人民幣產品的橋樑。因此，人民幣加入SDR使中資銀行得以持續優化業務模式，不斷豐富與央行、主權基金、超主權機構和交易所客戶的服務內容，建立深入穩固的業務關係，在客戶行銷上取得突破性進展，打造全新的客戶群。

專欄7—1

人民幣加入SDR後中國銀行業面臨的機遇與挑戰

人民幣加入SDR貨幣籃將為商業銀行國際化、綜合化及財富管理戰略落地帶來難得的機遇，銀行，特別是大型商業銀行將迎來更為廣闊的發展空間。但與此同時，商業銀行在產品創新、風險識別和管理等方面也將面臨一系列新的挑戰。總體而言，機遇大於挑戰。

一、四大領域的業務機遇利好商業銀行發展

從微觀業務層面上看，商業銀行涉及跨境、跨岸、跨幣種的相關業務都將迎來新的發展機遇期。

1.全球資產配置需求上升將拉動個人消費、私人銀行、理財及資管、RQFII和QDII2託管、信託等業務發展

一方面，隨著人民幣國際化和境內外金融市場開放程度不斷提高，未來個人可投資的領域將越來越廣闊，包括股票、債券、基金、保險、外匯及衍生品等境外金融類投資，綠地投資、併購投資、聯合投資等境外實業投資，以及境外不動產投資等，將為商業銀行的個人金融部門和私人銀行部門創造諸多業務機會。另一方面，境外投資者對我國各類資產的投資需求也將顯著增長，將從另一個方向拉動商業銀行海外業務發展。此外，商業銀行還可通過信託子公司開展人民幣境外直投業務。未來，將有更多銀行系信託公司成為商業銀行拓展海外業務的重要平臺。

2.全球人民幣交易日趨活躍將推動金融市場業務、貴金屬及國際業務（外匯）發展

國有大型商業銀行可共同扮演全球人民幣主要交易對手行和做市商的角色，成為人民幣全球交易市場的重要定價行。發展與人民幣相關的利率掉期、外匯掉期、期權等衍生產品交易。為境內企業或中小同業機構提供匯率及大宗商品套期保值服務。研發與人民幣或人民幣資產相關的各類指數，不但可為參與跨境人民幣業務的市場主體提供價格參考，也使銀行在一定程度上掌握了相關領域的人民幣定價指導權。交通銀行與中國人民大學自2012年每年發佈人民幣國際化指數，成為人民幣國際化重要的風向標。

3.以人民幣計價的國際貸款需求擴張將推動貿易融資、國際結算及信貸資產證券化業務發展

根據離岸—在岸人民幣利差變化靈活調整跨境人民幣貸款業務流向。2015年上半年，境外人民幣融資成本顯著低於境內，上海自貿區、深圳前海、青島、泉州、昆山等地跨境人民幣貸款業務發展勢頭較強；但下半年，隨著人民銀行連續降息降準和美聯儲加息預期升溫，離岸—在岸人民幣利差倒掛現象時有出現。未來這種倒掛如常態化發展，則應

對跨境貸款流向進行及時調整。同時，相應調整內保外貸和外保內貸業務，在跨境貸款達到一定規模的情況下，可適時開展跨境人民幣貸款資產證券化或信貸流轉業務。

4.以人民幣計價的國際債券崛起將加速投行、金融市場及債券發行、承銷、投資業務的發展

首先，離岸人民幣債券承銷業務將出現多個熱點市場。隨著中英經濟財經對話、中韓自由貿易協議、「一帶一路」等機制和戰略的相繼推出，除香港外，臺灣、新加坡、韓國首爾、英國倫敦甚至中東的杜哈、杜拜等都有望成為重要的離岸人民幣存款和交易集散地，使得未來離岸人民幣債券市場的分佈也將更為均衡。除香港點心債繼續領跑外，寶島債、獅城債、酋長債或蘇庫克債（伊斯蘭債券）等也將形成百花齊放的局面。由於前期已在香港點心債市場積累了較為成熟的境外人民幣發債經驗，加之境內外網點眾多，又是某些重要區域的人民幣清算中心，大型商業銀行更容易在相關業務上搶占先機。從債券類型來看，除一般的企業信用債外，金融債、主權債、地方政府債（市政債）等將更為多元化。其次，境內熊貓債市場將延續快速增長趨勢。2015年6月，央行明確提出，「擴大對外開放，進一步推動境外機構到境內發行人民幣債券」，這意味著熊貓債還將迎來更大的發展機遇期。有機構預測，隨著人民幣納入SDR的預期推動，到2020年熊貓債市場規模可能超過3 000億元。最後，與上述兩類債券業務的顧問諮詢、過橋貸款等投行業務將從中受益。

二、兩方面的挑戰不容忽視

一方面，更加複雜多變的匯率、利率環境要求創新產品設計和經營模式。人民幣加入SDR貨幣籃後，我國國內金融市場與國際金融市場的互動將更加頻繁。對於商業銀行而言，新環境意味著很多原有的產品和經營模式或將已不再適用。同時，我國金融與資本帳戶不斷開放，也要求商業銀行加大人民幣相關產品和服務創新力度，以滿足境內外客戶日

益多元化的需求。如不能及時跟進，或導致客戶的黏性下降。

另一方面，開展跨境、跨岸、跨幣種業務，對風險管理的要求將更為全面。一是信用風險。由於客戶來自全球，甚至是沒有明確國別屬性的跨國企業或網路平臺，國內銀行對其信用狀況了解不足將帶來潛在的風險。二是因海外網點設置或資金調度不合理引發的局部或短期流動性風險。三是交易紀律不健全、程序不規範誘發的操作風險。四是利率、匯率等市場風險。五是跨國、跨境的法律合規風險。例如，在伊斯蘭國家開展貸款或債券承銷業務，有可能遇到伊斯蘭金融法律特有的法律風險；參與全球大宗商品和金融衍生品交易，對相關金融市場的法律風險和市場慣例應有充分認識。六是各國政治經濟動盪、地緣政治衝突、監管差異等政策性風險。為此，商業銀行風險管理要以信用風險為重心，實行信用、流動性、市場、操作、法律、政策各種類型的全面風險管理。

（交通銀行首席經濟學家　連平）

7.2　國際化進程中的風險與挑戰

隨著海外業務資產及收入占比的上升，中資銀行將面臨更加複雜的市場環境和監管要求，其風險暴露在數量和結構方面都將面臨巨大的挑戰，要求其不斷強化風險管控機制，防範各種風險事件可能帶來的衝擊。

首先，中資銀行國際化具有資訊不對稱性，投資目標市場的交易機制、監管要求、合規控制等因素與國內市場迥然不同，需要投入更多的時間和精力來逐步建立自身參與海外投資的專業能力和技術水準，無形中提升了交易成本。

其次，從理論上講，中資銀行國際化主要面臨市場風險、操作風險、政治風險、法律風險等四大類別。在具體實踐中，上述四大風險具有不同的表現形式，需要分別加以識別和管理。

政治風險和法律風險是高壓線，一旦觸發此類風險，可能帶來難以彌補的損失。因此，要求投資者必須系統研究和熟悉投資標的所在國家法律法規和對

外經濟金融政策，及時了解和掌握相關法律條款和政策規定的變化，避免在國際化過程中遭遇法律糾紛，造成經濟損失。

國際化貫穿資金進出國境全過程的操作風險具有種類繁多、結構複雜等特點，需要格外關注。其中，發達國家對於反洗錢和合規監管的要求非常嚴格，監管主體繁多，監管法規龐雜。海外經營觸及監管紅線的可能性不容忽視。

市場風險涵蓋了匯率、利率等與金融市場波動密切相關的風險類別，是國際化進程中實現風險與收益動態平衡的關鍵所在。

7.2.1 資產全球配置加速帶來的信用風險

與中資企業「走出去」如影隨形的是中資銀行各種各樣的信貸服務。在離岸市場上，人民幣貸款已經初具規模。例如，2013—2015年，香港銀行貸款中人民幣貸款金額分別達到1 156億元、1 880億元和2 976億元。臺灣離岸市場人民幣貼現及放款餘額在2013—2015年分別達到920.55億元、1 962.97億元和2 519.5億元。2013年新加坡人民幣貸款超過3 000億元，2012—2014年英國以人民幣結算的進出口融資分別為339億元、385.7億元和334億元，2013—2014年盧森堡的人民幣貸款分別為2 350億元和1 458億元。[1]

相較於國內投資，中資企業的海外投資額外增加了政治風險、法律衝突和匯率風險，加大了貸款違約的概率，意味著為之服務的中資銀行也將面臨更大的信用風險。例如「一帶一路」戰略中，我國參與沿線國家基礎設施建設專案，往往需要中資銀行提供配套的融資服務，然而基建投資普遍面臨收益率低、回收期長的問題，投資佈局可能還存在結構性過剩風險，這對商業銀行的實力和綜合風險管理提出了較高要求，需要考慮是否能夠承受較慢的回款節奏並支撐項目存續。由於項目所處國家大多為發展中國家或新興市場國家，地緣政治複雜，在社會安全、法律環境、經濟發展等方面存在不穩定因素，可能會使企業的海外投資出現延期完工、半途而廢、大大超預算等問題，貸款品質下

---

1 參見Wind資訊。

降甚至無法回收，給企業和銀行均造成巨大損失。[1]

　　全球金融危機之後，國際金融監管標準日益嚴格，境外監管也普遍採取了更為嚴格的資本約束和流動性管理要求，給我國商業銀行境外機構的發展帶來了壓力，在一定程度上制約了業務拓展。[2]同時，隨著全球經濟金融日益一體化，中國企業和金融機構的國際化程度大大提高，中資銀行的跨境貸款面臨更加激烈的競爭。[3]一方面，中資銀行要面對來自當地金融機構以及發達國家金融機構的競爭壓力，尤其是在政策法律環境、貸款成本、產品種類、服務水準以及接受認同度等方面相對不利的情況下。另一方面，還存在同海外中資金融機構之間進行競爭的壓力，尤其是在各家銀行主體評級相近、產品單一、差異化程度較低的情況下。這些都對中資銀行的跨境貸款業務提出了巨大挑戰。

7.2.2　資本頻繁流動帶來的流動性風險

1. 銀行存款的穩定性受到資本帳戶逐漸開放的挑戰

　　資本帳戶管制的逐步取消使得跨境資金流動趨於頻繁，增加了銀行存款的波動性。不難預計，隨著人民幣國際化的推進，對外貿易及對外投資的結算貨幣將從只限於外幣擴展為人民幣、外幣並行，以人民幣債券為主的證券市場投融資將不斷湧現，與他國貨幣的互換規模也將逐步擴大，這些因素都引起銀行資金的跨境流動，進而動搖存款穩定性。

　　從存貸款比率來看，2015年，我國商業銀行存貸比為67.24%，16家上市商業銀行的存貸比均值為73.48%，其中以交通銀行最高，高達82.99%，而南京銀行則低至49.82%，兩極分化嚴重（見圖7—3）。由於近來銀行存款的收益率偏低，銀行存款已經受到了其他金融投資方式的分流，一旦資本帳戶開放，可以預見存款流失將加劇，商業銀行的存貸比狀況堪憂（見圖7—4）。

1　參見夏丹、武雯、汪偉：《「一帶一路」戰略下的商業銀行業務發展契機與策略建議》，載《新金融》，2015(9)。
2　參見魏革軍：《提升商業銀行國際化水準——訪中國銀行行長陳四清》，載《中國金融》，2015(17)。
3　程軍：《構建「一帶一路」經貿往來金融大動脈》，載《中國金融》，2015(5)。

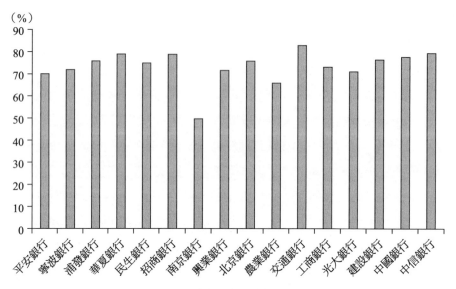

圖7—3　2015年中資上市銀行存貸款比率

資料來源：Wind資訊。

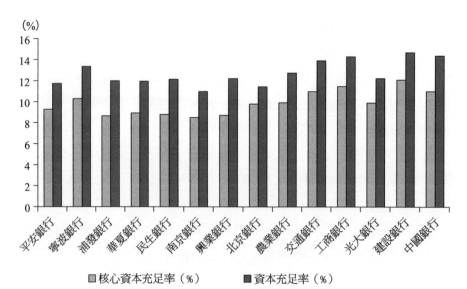

■核心資本充足率（%）　　　　■資本充足率（%）

圖7—4　2014年中資上市銀行資本充足率

注：2015年一些股份制商業銀行資料缺失，故採用2014年資料。

資料來源：Wind資訊。

2. 新一輪「脫媒」產生流動性衝擊

人民幣國際化以及資本帳戶的進一步放開，允許企業和機構通過發行離岸人民幣債券實現融資，低成本融資管道的建立可能引發新一輪的金融「脫媒」，給銀行的資產擴張和盈利能力造成不利影響。中國經濟進入新常態後，經濟增長逐步放慢，為了配合經濟轉型升級和供給側改革，2015年至今，中國人民銀行累計五次降息，四次下調存款準備金，利差變化引起匯率波動，促使離岸外匯市場中人民幣的淨結匯攀升，人民幣流動性緊縮，人民幣離岸融資管道逐步趨熱。越來越多的中資銀行參與到離岸金融市場，尤其是人民幣離岸金融市場，進行境外同業拆借活動。隨著越來越多的市場主體開始發行人民幣債務工具，加上滬港通的開通和RQFII的擴容，離岸人民幣投融資市場的供求關係發生了改變，離岸人民幣流動性漸趨緊張。[1]

同理，隨著國內同業市場逐漸對外開放，境外金融機構也會參與進來。QFII（合格境外機構投資者)2012—2015年的投資額度同期增長率分別為32.74%、34.65%和21.14%；RQFII（人民幣合格境外機構投資者）2012—2015年的投資額度同期增長率分別為135.07%、90.29%和48.26%（見圖7—5和表7—2）。

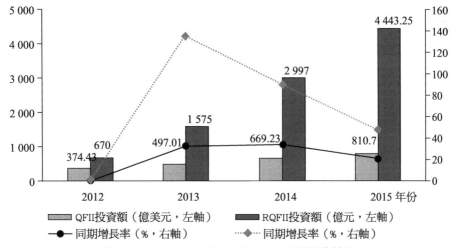

圖7—5 2012—2015年QFII和RQFII年度投資情況

資料來源：Wind資訊。

---

1 參見藍天旻旻：《人民幣國際化背景下中資商業銀行境外籌資研究》，載《新金融》，2015(8)。

境外金融機構進入同業市場不僅增加了競爭，還可能把外部風險引入國內金融體系。因此，中資金融機構進入離岸金融市場，海外金融機構進入中國債券市場，都可能引發流動性危機。

表7—2　中資銀行境外銀行同業及其他金融機構拆入與拆出

年份	2013年			
指標	拆入		拆出	
銀行	金額（億元）	占比（%）	金額（億元）	占比（%）
中國銀行	2 466.61	84.17	770.93	30.34
中國工商銀行	2 708.10	91.67	1 023.91	22.02
中國農業銀行	1 077.89	73.87	62.40	2.00
中國建設銀行	1 160.81	94.78	1 169.60	50.07
交通銀行	878.85	60.71	320.06	15.37
年份	2014年			
指標	拆入		拆出	
銀行	金額（億元）	占比（%）	金額（億元）	占比（%）
中國銀行	1 121.17	55.61	1 003.28	32.35
中國工商銀行	2 613.03	86.82	1 329.04	28.42
中國農業銀行	1 576.12	79.68	201.13	4.85
中國建設銀行	1 263.63	83.05	1 314.83	53.1
交通銀行	862.86	62.7	279.63	14.71
年份	2015年			
指標	拆入		拆出	
銀行	金額（億元）	占比（%）	金額（億元）	占比（%）
中國銀行	1 121.27	37.02	1 032.18	29.38
中國工商銀行	3 065.90	80.45	2 282.99	39.21
中國農業銀行	1 642.80	56.57	536.25	10.44
中國建設銀行	2 168	71.27	1 188.76	35.66
交通銀行	1 031.74	64.47	886.71	22.67

注：此處占比分別為境外同業拆入/拆出占該行拆入/拆出總額比重。

資料來源：各銀行歷年年報。

7.2.3　匯率波動加劇帶來的市場風險

　　人民幣匯率形成機制的市場化可能會加大匯率波動風險，對商業銀行的外匯業務將提出挑戰。不僅會使商業銀行自身的外匯投資和交易業務面臨匯率波動損失，還會對銀行外匯理財和其他外匯衍生業務的發展造成不利影響。鑒於匯率波動的影響在前面章節中已做過充分的分析，故此處不再贅述。

7.2.4　海外機構擴張帶來的管理風險

　　開拓海外分支機構是中資銀行國際化的必由之路，海外分支機構在為銀行創造新型業務模式和盈利方式的同時，也對銀行的風險管理提出了挑戰。其中尤為引人關注的是操作風險。由於海內外分支機構所在國家、地區的法律條例不同，銀行需要因地制宜完善業務體系。同時，人民幣跨境結算等國際業務剛剛起步，商業銀行的境外機構對國外法律法規不熟悉、從業人員業務不熟練、國內外網點間服務系統的不成熟容易引發漏洞，這就要求管理層加強對操作風險的控制。一個典型案例是2016年2月17日，中國工商銀行西班牙馬德里分行在一場涉及反洗錢和逃稅的調查中被搜查，包括總經理、副總經理、部門經理等5名主要負責人被帶走，銀行也被臨時封鎖。據西班牙執法當局稱，這次搜查行動是搜尋工商銀行「幫助一個犯罪團夥將3億歐元從西班牙匯入中國」的控訴證據。[1]雖然該事件至今仍未有確定的結果公佈，但已經對中資銀行海外業務拓展給出了風險警示。

　　除了操作風險，海外機構擴張也會帶來財務風險，給銀行的集團管理帶來挑戰。海外分支結構的開設使得銀行資產負債表從國內拓向全球市場，涉及海外資金的業務往來會促使資產負債表中海外來源將不斷擴大，面對新開闢的海外市場，經驗缺乏和業務模式陌生容易惡化資產負債的期限錯配格局，且在海內外並表時，如處理不當，將引發財務風險。同時，人民幣國際化使得銀行

1　參見《工行馬德里分行遭調查》，新浪網，http: //news.sina.com.cn/o/2016-02-19-doc-ifxprqea4745381.shtml

的服務對象國際化，對銀行全天候流動性管理提出要求。自有資金的不恰當運用、同業拆借的不合理配置以及資金價格的估值錯位也將導致財務風險。

最後是經營風險。目前中資銀行的人民幣跨境業務儘管在香港和東盟地區有相對成熟的業務模式和充足的經驗，但隨著人民幣國際化的不斷深入，客戶群也逐步國際化，跨國貿易集團是最具潛力的新增客戶群，在涉及貿易資金結算時，對銀行的市場前瞻性和戰略部署提出了較大挑戰。完善全球服務網路，實現對境外機構信用風險的有力甄別評估都是商業銀行在開設海外分支機構時需重點開展的工作。

儘管中資銀行在國際化進程中會遇到許多外部風險，但就目前中國銀行業的發展階段而言，海外業務占比相對較低，境外機構盈利占比仍舊相對較小，對利潤總額的貢獻度還相對較低，銀行面臨的風險仍主要來源於國內。例如中國銀行2014年對外投資占總投資的比重為16.14%，香港、澳門、臺灣地區資產總額占集團資產總額的16.33%，利潤對集團利潤總額的貢獻為6.44%；其他國家資產總額占集團資產總額的11.08%，對集團利潤總額的貢獻為6.54%。[1] 在中國經濟增長處於下行區間時，未來銀行業風險仍然主要是大陸以及和大陸有密切聯繫的港澳臺地區的資產和業務風險。

7.3 仍需防範國內風險

7.3.1 銀行資產品質下降風險

中資銀行的主要業務是信貸，信貸資產品質下降是威脅銀行安全的首要風險。由於銀行貸款是企業的主要融資管道，在關停並轉「兩高一汙」企業和「去產能、去庫存、去槓桿」的經濟結構調整過程中，銀行的不良貸款規模急劇上升。2015年第四季度，商業銀行總資產規模增速為15.6%，不良貸款規模

1　參見《中國銀行年報2014》。

持續上行，撥備水準持續下行，商業銀行口徑撥備覆蓋率為181%，部分大行的撥備覆蓋率已經逼近150%的監管紅線，未來面臨較大撥備計提壓力。截至2015年年底，銀行業關注類貸款比例3.79%，整體不良貸款率1.67%，撥備覆蓋率181%（見圖7—6和圖7—7）。[1]

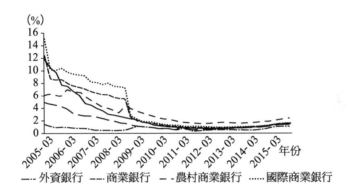

圖7—6 2005－2015年各類商業銀行不良貸款率

資料來源：Wind資訊。

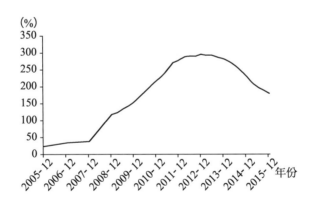

圖7—7 2005—2015年各類商業銀行撥備覆蓋率

資料來源：Wind資訊。

---

1 參見銀監會主席尚福林2016年3月12日在「三會」聯合記者會的發言。

從國際經驗和我國過去的實踐看，要化解銀行不斷積累的不良貸款，可以採取不良資產證券化、債轉股等方式。債轉股就是允許商業銀行按照一定的標準，將銀行對企業的債權轉換為股權。債轉股提供了處理表內不良資產的新手段，在短期內可以提高銀行不良資產的出清速度，降低銀行資產品質壓力和企業槓桿率，對銀行的經營和風險管理產生較大影響。值得注意的是，此舉會促進延期續貸、已實質性破產但並未納入不良貸款的公司加速債轉股重組，使得短期內銀行表內資產品質壓力不降反升。此外，還存在實際操作中的道德風險和銀企利益綁定問題，銀行需要建立嚴格的風險隔離手段，防止利益輸送。長期看，銀行通過債轉股可幫助消化企業的槓桿比例，有利於淘汰僵屍企業，但銀行從債權人轉向投資人，無疑要為去產能、去庫存承擔一定的成本，必須充分認識到其中的風險，制定相應的風險控制措施。

7.3.2 銀行利潤下降風險

拖累銀行業利潤增長的兩個主要因素是息差縮小和資產品質下降，在「去產能、去庫存、去槓桿」的經濟結構調整過程中，這樣的趨勢在今後一段時間內還將延續。根據銀監會公佈的資料，截至2015年第四季度末，商業銀行當年累計實現淨利潤1.59萬億元，同比增長2.43%，淨息差2.54%，環比第三季度上升1個基點，收入成本比30.59%，同比下降1.03%。商業銀行不良貸款率1.67%，環比第三季度上升8個基點，撥備覆蓋率為181.18%，環比第三季度下降9.62%；貸款撥備率為3.03%，環比第三季度基本持平（見表7—4）。

表7—4　2015年商業銀行主要監管指標（法人）

	第一季度	第二季度	第三季度	第四季度
流動性指標				
流動性比例	47.46%	46.18%	46.16%	48.01%
存貸比	65.67%	65.80%	66.39%	67.24%
人民幣超額備付金率	2.30%	2.91%	1.91%	2.10%

續前表

	第一季度	第二季度	第三季度	第四季度
效益性指標				
淨利潤（本年累計，億元）	4 436	8 715	12 925	15 926
資產利潤率	1.29%	1.23%	1.20%	1.10%
資本利潤率	17.76%	17.26%	16.68%	14.98%
淨息差	2.53%	2.51%	2.53%	2.54%
非利息收入占比	24.60%	24.61%	24.27%	23.73%
成本收入比	26.67%	27.21%	27.88%	30.59%
資本充足指標				
核心一級資本淨額（億元）	95 456	97 062	101 414	106 268
一級資本淨額（億元）	98 027	99 962	104 463	110 109
資本淨額（億元）	117 594	119 949	125 073	131 030
信用風險加權資產（億元）	803 087	833 708	859 033	884 712
市場風險加權資產（億元）	7 929	8 354	8 598	8 613
操作風險加權資產（億元）	68 530	68 672	68 814	77 226
應用資本底線後的風險加權資產合計（億元）	895 530	926 236	950 921	973 982
核心一級資本充足率	10.66%	10.48%	10.66%	10.91%
一級資本充足率	10.95%	10.79%	10.99%	11.31%
資本充足率	13.13%	12.95%	13.15%	13.45%

資料來源：中國銀行業監督管理委員會。

　　2015年商業銀行口徑淨利潤增速為2.4%，相比2014年末9.6%的增速水準下降了7.2%。利率市場化基本完成，且中央銀行採取多次降息政策，對銀行的息差收入產生了顯著的負面影響。銀行是典型的順週期行業，在宏觀經濟下行的打壓下，在資產品質惡化的壓力下，銀行的淨利潤增速進入下行通道。展望未來，如果資產品質繼續惡化並蠶食利潤，預測銀行業整體淨利潤增速可能接近零增長，甚至出現負增長（見圖7—8）。

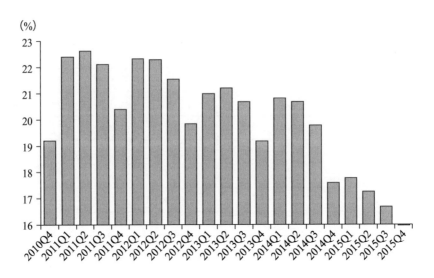

圖7—8 2010—2015年商業銀行資本利潤率

資料來源：Wind資訊。

在未來利潤增速持續放緩的趨勢下，銀行的盈利模式亟待轉變。隨著利率市場化進程的不斷推進，表外業務的創新與開展日益成為傳統銀行業競相爭奪的新制高點，其中債轉股、不良資產證券化業務重啟和通過收購券商等牌照推進綜合化經營，有望成為解決銀行息差收窄和資產品質下滑問題的突破口。

7.3.3 利率市場化風險

2015年，隨著存款利率管制的放開，中國歷時近20年的利率市場化進程基本完成。一方面，為了適應宏觀經濟管理需要，央行多次降準、降息，導致銀行的貸款利息下降；另一方面，互聯網金融異軍突起，用更高的利率爭奪居民儲蓄資金，導致銀行存款大幅流失。銀行面臨存貸利差收窄、存貸比上行的壓力。據銀監會官方資料披露，2015年商業銀行存貸比為66.28%，較2014年的65.13%上升了1.15%（見圖7—9）。此外，資本市場場外配資、互聯網金融創新更是吸引了大部分存款外流，銀行資產擴張能力早已今非昔比（見圖7—

10）。展望未來，銀行負債將更加不穩定，流動性風險加大。

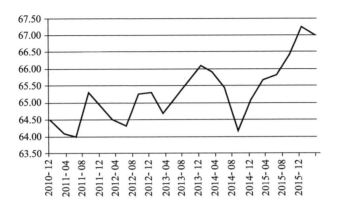

圖7—9　商業銀行存貸比

注：從2014年第三季度起，存貸比按照《中國銀監會關於調整商業銀行存貸比計算口徑的通知》（銀監發〔2014〕34號）中的方法計算，披露口徑由「本外幣」改為「人民幣」。

資料來源：Wind資訊。

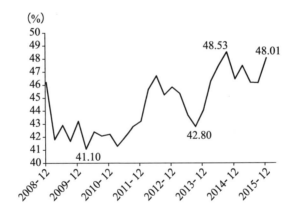

圖7—10　2009—2015年商業銀行流動性指標

資料來源：Wind資訊。

7.3.4 影子銀行風險

近年來，影子銀行在服務經濟社會發展的同時也暴露出了交易錯綜複雜、管理不規範等問題。影子銀行將資金投向地方政府融資平臺、房地產、「兩高一剩」等行業和領域，削弱了宏觀調控的有效性，不利於經濟結構調整；影子銀行的資金來源和運用與正規金融體系相互滲透，如果管理不善會導致風險向正規金融體系傳遞。此外，部分影子銀行擴張衝動明顯導致收益率過高，風險提示不足，擾亂了金融秩序和市場環境。

信託公司是我國最重要的影子銀行，信託行業對經濟週期和宏觀環境變化相對敏感，在經濟進入新常態下行壓力增大，特別是鋼鐵、煤炭、水泥等行業產能過剩、亟待調整的背景下，信託業也結束了2008年以來的高速增長，步入轉型發展階段。前期高速發展時期，利率設置過高和業務集中於房地產、基建等領域等問題導致信託產品存在嚴峻的兌付風險，信託公司面臨業務風險集聚與釋放的挑戰，以信託為管道的深度介入，必然也會給銀行帶來傳染風險。

在銀信合作模式中，潛在的信託合作風險值得銀行重點關注。首先，由信託公司發放、銀行發起的信託貸款，存在隱性擔保的表外風險敞口。由於受到監管指標與貸款行業投向等限制，銀行有動力通過證券化等管道將部分表內資產轉移到表外，但在信託產品違約時，銀行則要承擔相應的損失。截至2015年12月，全部40 614只信託產品中，貸款類信託數量合計3 151支，占比7.76%，且平均發行規模較大，規模占比達到了19.52%。在當前銀行表外資產計提撥備比例較低的情況下，一旦信託產品出現系統性違約，銀行的不良資產很可能就會迅速增加。其次，銀行以信託收益權形式購買信託產品，或為其他信託通道業務提供資金支持，當發生違約事件時，與違約信託產品相關的銀行投資也將面臨損失。最後，銀行開展的信託產品代銷業務同樣隱含風險。在這種合作方式中，銀行主要採取向高淨值客戶銷售等方式獲取傭金收入，只履行代銷協議而不參與產品的設計與募集。當信託產品違約發生時，銀行不負有賠償責任，但若在銷售過程中存在誤導投資者等不當行為，則需分擔違約責任。

此外，剛性兌付的後遺症也導致影子銀行風險不斷醞釀發酵。雖然在短期中剛性兌付有助於推動業務快速發展，消除投資者的疑慮，但其長期效果則會導致投資者對風險不敏感、風險收益不匹配，加大逆向選擇風險，在經濟下行時容易面臨預期收益難以覆蓋融資成本的衝擊。而且剛性兌付也不利於成熟金融市場的發展，隱患更加嚴重。

近年來，伴隨著信託公司自營管道的擴展和資產管理行業競爭的日益激烈，信託公司對銀行的依賴程度持續減弱，銀信合作的占比正在逐步下降。加之監管層對銀信合作相繼出臺各項細則，在資產真實轉讓、非標資產占比、風險資本計提等方面提出更嚴格的要求，從而使得銀信合作的風險整體可控。

值得注意的是，披著同業業務和委託貸款外衣進行信貸騰挪的影子銀行業務仍然興旺。截至2014年年底，影子銀行達到約46萬億元的規模，其中同業產品與信託的相互串聯交叉行為比較突出，進一步放大了系統性風險。在此背景下，2015年1月16日，銀監會出臺《商業銀行委託貸款管理辦法（徵求意見稿)》，明確提出委託貸款資金不能來自銀行授信資金或發行債券獲得的資金、委託貸款資金不可變相進入資本市場等要求。重點從來源、投向、額度三個角度對委託貸款展開管理，力圖整治實體經濟及資產市場中私自提升槓桿等不規範行為，嚴格控制非標資產風險向銀行資產負債表內及其他金融市場的轉移。結合此前發佈的針對理財資金監管的《中國銀監會關於規範商業銀行理財業務投資運作有關問題的通知》（銀發〔2013〕8號）和規範同業業務的《關於規範金融機構同業業務的通知》（銀發〔2014〕127號），對影子銀行的監管實現了框架性總體監管和具體落實的結合。

在放鬆對地方融資平臺監管和同業業務活躍開展的推動下，2015年末社會融資規模進一步擴張至1.8萬億元人民幣，反映出影子銀行融資的回升跡象，由此帶來的不穩定與潛在風險值得關注和警惕。此外，影子銀行模式還逐漸滲透到資本市場場外配資、互聯網金融創新、房地產仲介等新領域，出現了複雜多樣的衍生擴展形態，從而進一步加劇了銀行業的整體風險。

商業銀行跨境人民幣業務合規風險管理

近年來,隨著人民幣國際化進程的穩步推進,跨境人民幣業務取得了蓬勃發展。人民幣國際使用的政策框架基本建成,經常項目跨境人民幣業務已實現全覆蓋和充分便利化,跨境人民幣直接投資已無政策障礙,人民幣跨境融資有序放開。作為跨境人民幣業務的踐行者,商業銀行在積極開展跨境人民幣金融服務的同時,全面落實監管要求,不斷完善內控管理體系,穩步推動跨境人民幣業務健康發展。

一、全面落實「展業三原則」,審慎自律開展業務

「展業三原則」,即「了解客戶、了解業務、盡職調查」,是商業銀行辦理跨境人民幣業務的基本原則。商業銀行將「展業三原則」落實在跨境人民幣各項業務操作和管理的始終,貫穿於客戶存續關係的事前、事中及事後,審慎自律,合規經營。

在「了解客戶」方面,商業銀行嚴格開展客戶身份識別工作。與客戶建立業務關係時,認真核實客戶身份證明、業務狀況等資料的合法性、真實性和有效性;與非居民及境外金融機構建立業務關係時,充分履行反洗錢、反恐融資及國際制裁等方面的審查職責。與客戶業務關係存續期間,對客戶持續開展盡職調查,關注客戶的日常經營活動、金融交易、政策合規等情況,及時更新客戶資訊,以確保銀行業務系統中客戶身份的真實、完整及合規。在「了解業務」方面,商業銀行在業務辦理時對客戶基於跨境交易合同、交易背景、商品種類、投資標的、價格條款、單據要求等要素進行審核,合理考量跨境融資期限與貿易資金周轉期限的匹配,依據業務背景對跨境物流、資金流和單據流進行跟蹤監控,全面掌握客戶在跨境人民幣貨物貿易、服務貿易或跨境投融資等業

務整個流程的真實性和合規性，令風險防控盡在掌握。在「盡職調查」方面，商業銀行既要對客戶的身份識別和交易識別持續開展盡職調查，也要定期監控分析客戶及業務指標變動情況，重點對大額、高頻、異常交易進行事後核查。對發現的各類異常可疑業務資訊，及時報告中國人民銀行等監管部門，並配合做好業務核查和後續業務檢查工作。

二、完善內控管理體系，構建風險管理長效機制

建立健全內控管理體系是商業銀行持續健康開展跨境人民幣業務的重要保障。第一，建立在跨境人民幣監管政策框架內、兼顧國際慣例和境內外法律的規章制度，是商業銀行內控管理體系的基石。在具體的操作流程制度中，強化對重點風險環節的防控，強化反洗錢、反恐怖融資的監管要求，確保業務開展審慎合規。第二，建立制度化、可操作的風險預檢和常規檢查機制，及早發現並避免高風險業務和違規行為的發生，並對常規檢查時發現的問題及時整改、防微杜漸。第三，加強異常資料分析和業務後續管理。建立大額、可疑交易監測與報告制度，發現可疑業務、可疑客戶特徵或資金流向，按規定及時報告監管部門，並適時調整客戶風險等級、業務准入及風險防控策略，切實提高風險管控水準。第四，明確各級人員的風險責任，建立責任追究制度。對疏於管控、突破底線、違規違法等情況，嚴格執行風險責任追究制度，確保風險責任落實到位。

第八章

以供給側改革夯實人民幣
國際化的經濟基礎

理論研究與實踐均表明，強大的經濟實力是一國貨幣國際化的基礎，人民幣國際化進程之所以能夠順利推進，關鍵在於中國經濟具有舉足輕重的國際地位。目前，中國經濟面臨著艱巨的結構調整任務，面臨著複雜的國際經濟環境約束，新問題、新風險使得經濟持續發展受阻的壓力不斷增加。如何打破中國經濟可持續發展的瓶頸？進行供給側改革是一條必由之路。以供給側改革重構中國經濟持續、高效發展的基礎，人民幣國際化就能夠走得更堅定、更長遠。

8.1 實體經濟是人民幣國際化的堅實基礎

沒有強大的實體經濟，一國貨幣不可能得到全球貨幣使用者的長久信任，該國貨幣的國際化就會成為流沙上的大廈，沒有穩固的根基。從這個角度看，基於中國實體經濟堅實的基礎，迄今為止人民幣國際化進程是比較順利的。2015年人民幣順利地加入SDR貨幣籃子，這無疑是國際社會對中國改革開放37年來經濟持續高速發展的肯定。

Bergsten（1975）認為，一國貨幣若想成為國際貨幣，該國在自身經濟上要滿足以下條件：在國際經濟體系中具有相對優勢，具備穩定的經濟實力和價

格水準。Tavlas（1997）根據最優貨幣區標準，認為貿易一體化程度是國際貨幣選擇的最重要因素。Richard Portes and Helene Rey（1998）強調，國民經濟規模龐大且經濟實力雄厚，對外經貿密切且具有較高地位，這兩個方面直接決定了國際市場對一國貨幣的認可。Bacchetts and Wincoop（2002）發現，市場份額是計價貨幣選擇的決定性因素。出口國所占市場份額越高，越有可能以出口國貨幣定價。相反，出口國企業越有可能被迫選擇強勢國外競爭者的貨幣定價。因此，強大的經濟實力、重要的國際貿易地位是貨幣國際化的必要前提。

歷史經驗表明，強大的經濟實力是一國貨幣國際化的推動力和根本保證。在英鎊成為國際貨幣之前，英國已經憑藉工業革命和自由貿易成為了世界工廠，所生產的商品遍及世界市場，經濟總量及其增長都領先於其他工業國家，英國經濟貿易的迅猛發展使得英鎊很快確立了國際貨幣地位。到1914年，國際貿易的90%使用英鎊結算，英國的海外投資占西方國家總投資的一半。在1944年布列敦森林體系確定美元成為關鍵的國際貨幣之前，美國憑藉後發優勢，建立了經濟效率更高、更現代的工業體系，其經濟總量早在1870年就超過了英國，名列世界前茅；在歐元正式運行之前，歐盟的經濟總量由1993年的約6.7萬億美元增長到2002年的近10萬億美元，1995—2000年間，歐盟國家的經濟保持3%的穩定增長，歐盟的整體經濟實力已經超過美國，位居世界第一。正因為有強大的實體經濟作為支撐，2002年正式進入流通的歐元名正言順地成為緊隨美元之後的主要國際貨幣。

除了經濟實力與貿易地位外，貨幣國際化還需要一個前提，即幣值穩定。幣值穩定的實質是貨幣供給與貨幣需求保持適度平衡，也就是擺正貨幣供給與實體經濟增長之間的關係。在1949年新中國成立以前，中國經濟一直飽受貨幣幣值不穩甚至惡性通貨膨脹的折磨。新中國成立以後，陳雲等主管宏觀經濟的高級領導人果斷地採取措施，著眼於實體經濟的需求，通過有計劃地組織生產和暢通物流，保持生活必需品、重要物資的供求平衡，很快實現了人民幣的幣值穩定。這樣的幣值穩定一直保持到1978年中國實行改革開放。此後，在中國人民大學前校長黃達先生《財政信貸綜合平衡導論》一書的思想指引下，中國

的貨幣金融明確定位於服務實體經濟發展的需要，特別強調貨幣供求平衡與穩定人民幣購買力，防止金融「脫實就虛」，自我膨脹。而且，這種根深蒂固的金融觀念不僅影響了中國國內的通貨膨脹管理，還影響了人民幣的對外定價，使得人民幣成為2008年國際金融危機以來國際上匯率波動較小、幣值較穩定的貨幣。立足於貨幣金融服務於實體經濟的理論與實踐，人民幣獲得了幣值穩定的思想基礎和實踐經驗，並為人民幣國際化做好了準備。

　　一國貨幣充當國際貨幣所發揮的各項職能，關鍵在於有強大的國力或較高的經濟增長以及強有力的出口作為後盾。在國際貿易、資本流動中，選擇什麼貨幣作為計價和結算貨幣，一定程度上取決於貨幣的交易成本，根本上則取決於交易各方對該貨幣購買力的信心，這種信心主要來自對貨幣發行國經濟實力和國際地位的認可。因此，自2012年《人民幣國際化報告》首次發佈以來，我們一直堅持一個基本觀點，即實體經濟是人民幣國際化的堅實基礎，離開中國實體經濟在全球經濟中毋庸置疑的強大實力，人民幣國際化不可能闊步前進。

專欄8—1

跨越中等收入陷阱不可或缺的因素

　　自2008年全球金融危機以來，國際社會一直都有唱空中國的聲音，在國內也有不少學者和官員擔心，由於一些制度和經濟缺陷，快速發展的中國有可能像拉美一些新興市場國家一樣，落入「中等收入陷阱」，經濟發展停滯，社會矛盾尖銳，相當長一段時間內失去經濟增長的動力和國際競爭力。

　　通過梳理世界各國經濟發展史不難發現，世界上跨越中等收入陷阱的發達國家有三大類。第一類是傳統的老牌資本主義國家，包括英國、

法國等老歐洲國家和美國，它們在工業革命的推動下全面實現了工業化，並在本國內部或者本地區的國家聯盟內部構建了一整套具有自我技術更新的工業化體系。在經濟發展、實現工業化的過程中，這些國家通過對外戰爭與殖民，實現對海外資源與財富的掠奪，從而在本國構建了相對完善的社會保障體系，在一定程度上將社會矛盾轉嫁到了國外。第二類是日本、韓國、新加坡等國家，它們在第二次世界大戰之後，承接了第一類國家出於國際戰略考慮而進行的技術轉移和大量訂單，並在此基礎上建立起部分自我完善與更新的工業體系，實現了經濟增長，順利跨入發達國家行列。但是它們在政治、經濟與軍事等多個領域並不獨立，在國際事務中被第一類國家予取予奪。第三類是與歐美等第一類國家同宗同源的澳洲與加拿大，它們的人均經濟資源極為豐富，依靠與第一類發達國家的天然血緣關係，成為這類國家工業化中不可缺少的資源和中間產品的供給環節，進入了富裕國家行列。總結這些成功跨越中等收入陷阱國家的經驗，它們幾乎都有一個共同的特點，那就是它們都完成了工業化，經濟持續發展的強大動力依靠的是相對完善、具有自我升級能力的工業化體系。

反觀那些落入「中等收入陷阱」的國家，有些國家曾經達到很高的人均收入水準，曾經十分接近發達國家的行列，但令人遺憾的是，它們沒有建立起富有創新力和競爭力的產業結構，或者沒有建立起有效的金融服務實體經濟的機制，或者缺乏資本帳戶開放後進行有效宏觀金融風險管理的能力，或者不能很好地處理經濟增長與改善民生的關係，導致勞動力成本上升過快，貧富差距擴大，產業結構失衡，進而在經濟全球化進程中，喪失了經濟的自主性和商品的國際競爭力，甚至將本國的經濟命脈拱手交與外資，在一次次的金融危機衝擊之下，在「中等收入陷阱」中掙扎與煎熬。

作為最大的發展中國家，中國仍有一半的人口生活在農村，雖然工業門類齊全，但是高端製造能力薄弱，工業化遠沒有完成。在國際經濟

環境發生巨大變化後，中國經濟結構不合理問題開始顯現，經濟增長下滑，進入一個轉型換擋的新常態。針對本國國情，充分吸取其他國家在跨越中等收入陷阱過程中的經驗和教訓，中國制定了供給側改革和新型城鎮化的兩輪驅動策略。只要堅定不移地構建具有創新能力和自我升級能力的工業化體系，構建具有強大購買力的多層次國內需求市場，中國就能夠在2020年實現國民收入比2010年翻一番的目標，並為中國成功跨越「中等收入陷阱」、人民幣成為重要國際貨幣奠定堅實的經濟基礎。

8.2　威脅中國經濟可持續發展的主要風險

在過去盛行的傳統經濟模式下，中國經濟注重需求管理，通過擴大投資、增加出口、拉動國內居民與政府消費來實現經濟的較快發展。目前，中國經濟正面臨經濟增速的換擋期、結構調整的陣痛期、前期刺激政策的消化期「三期疊加」的嚴峻挑戰，存在經濟增速下降、工業品價格下降、實體企業盈利下降、財政收入增速下降以及經濟風險上升問題，顯然，先前推動中國經濟高速增長的動力已經失效，那種主要依靠信貸政策刺激投資、依靠廉價政策刺激出口的經濟模式難以為繼。加快經濟轉型升級，構建新的經濟增長動力，是中國實體經濟可持續發展的當務之急。

8.2.1　傳統經濟模式帶來的結構性障礙

國際金融危機爆發以來，世界經濟進入了漫長的衰退期，對外依賴度較高的中國經濟受到沉重打擊，國內產業結構不合理問題凸顯。尤其是在G20國家實施的反危機經濟刺激計畫下，中國經歷了一輪粗放式經濟擴張，導致了嚴重的負債經營和產能過剩，經濟背上了沉重的包袱，企業倒閉潮湧現，投資意願下降，增長動力不足。2015年中國GDP同比增長6.9%，連續5年下降。工業增加值增長5.9%，比上年下降1%；固定資產投資增長10%，比上年下降5.7%。

工業企業利潤同比下降2.3%，僅11月虧損企業數就達到54 459個，同比增加17.4%。過去相當長一段時期作為中國經濟增長重要引擎的出口貿易持續低迷，2015年中國進出口貿易總額為39 586.4億美元，同比下降8.0%，其中進口總額為16 820.7億美元，同比下跌14.1%；出口總額為22 765.7億美元，同比下降2.8%。種種跡象表明，傳統經濟模式已造成經濟增長的結構性障礙，難以為繼，集中體現在以下四個方面：

1. 創新能力薄弱

改革開放以來，由於技術水準整體落後，缺乏核心技術，大多數中國企業只能從事「三來一補」和技術含量不高、勞動密集的產品生產，產品的附加值較低。相應地，企業的創新意識薄弱，研發投入較低，2000年中國的研發支出佔GDP的比重只有0.9%，不到日本的1/3，科技對GDP增長的貢獻度不足20%。國際金融危機爆發後，中國開始強調經濟轉型升級，加大了研發投入力度，2010年研發投入超過德國，2013年進而超過日本，2015年研發支出1.4萬億元，是僅次於美國的世界第二大研發經費投入國家。目前中國的研發支出佔GDP的比重達到2.10%，已超過英國，達到歐元區水準，但是與日本、美國相比，仍有不小的差距（見圖8—1）。由於中國還有一半的農村人口，全民教育水準不高，高素質人才尤其是科技人才缺乏是制約中國創新能力的關鍵。根據世界銀行的統計，2000年中國每百萬人口中R&D研究人員僅為547人，而同期日本為5 151人，美國為3 476人，中國研發人員的數量約為日本的1/10和美國的1/6。經過不懈的努力，中國的科技人才培養取得了很大的成績，與發達國家的差距迅速縮小。2013年中國每百萬人口中R&D研究人員翻了一番，達到1 089人，大約是日本的1/5、美國的1/4、歐元區的1/3（見圖8—2）。儘管2014年中國申請專利的數量為127 042件，與2000年的26 560件專利相比增加了近5倍，是世界上僅次於美國的專利大國（見圖8—3），但是受到機制體制的制約，科技成果向產業的轉化乏力，許多專利停留在實驗室水準，致使科學技術對經濟發展的貢獻度相對較低。美國經濟增長中科技的貢獻度超過70%，而我國卻不到30%。科技對經濟增長的貢獻率低，已成為制約我國經濟發展的「阿基里斯之踵」。

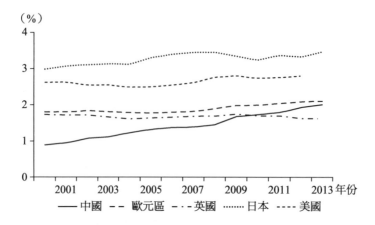

圖8—1　研發支出占GDP的比重變動情況

資料來源：世界銀行。

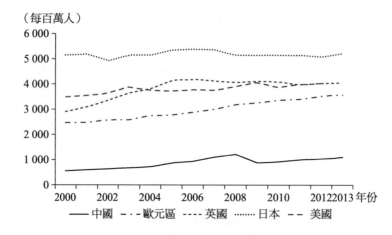

圖8—2　R&D研究人員數量變動

注：R&D研究人員是指參與新知識、新產品、新流程、新方法或新系統的概念成形或創造，以及相關專案管理的專業人員，包括參與R&D的博士研究生（ISCED97第6級）。

資料來源：世界銀行。

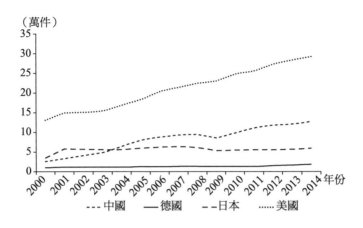

（萬件）

圖8—3　專利申請數量變化

資料來源：世界銀行。

2.經濟結構失衡

中國經濟結構性失衡的一個主要表現是消費率的逐年下降和儲蓄率的持續攀升。2000—2008年八年時間，由於住房、醫療、教育、養老壓力加大，社會保障體系不健全，居民儲蓄意願陡增，儲蓄率從36.2%迅速上升到51.8%，消費率從63.1%下滑到49.7%。儲蓄和消費結構的變化，使得中國的內需市場萎縮，對外部需求的依賴大大增加，促使中國經濟增長轉向投資拉動和出口帶動。2008年的國際金融危機以及後續的國際市場疲軟，減少了國際市場需求，供過於求的結構性失衡、部分行業產能過剩的問題很快暴露無遺。為了保持一定速度的經濟增長，政府被迫採用大力度的擴張性財政政策和貨幣政策，增大投資拉動經濟的砝碼（見圖8—4）。大規模投資使生產能力急劇擴張，而消費增長速度遠遠趕不上資本投入和生產能力的擴張速度，惡化了內需不足和生產能力過剩之間的失衡狀況。

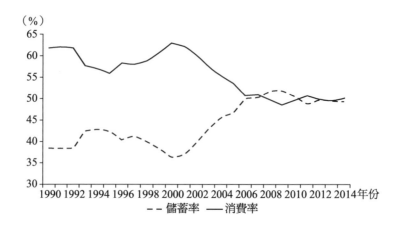

（%）

圖8—4　1990—2014年中國儲蓄和消費變化曲線

資料來源：世界銀行。

　　中國經濟結構性失衡的另一個表現是部分行業產能嚴重過剩，而居民的生活需求得不到有效供給的滿足。在經濟轉型升級過程中，鋼鐵、煤炭、化工、建材、電解鋁等五大類行業出現了嚴重的產能過剩。例如，按2015年煤炭消費量35億噸估算，中國煤炭產能過剩22億噸，產能利用率不足70%。2012年以來，我國粗鋼產能利用率持續在合理水平線以下，2015年產能利用率不足67%，鋼鐵行業虧損嚴重。2015年鋼鐵工業協會會員企業虧損645億元，虧損面為50.5%，企業經營十分困難。氮肥、氯堿等出現行業性虧損；無機鹽、甲醇、輪胎製造等行業利潤連續兩年或三年下降。水泥行業利潤330億元，同比下降58%，水泥產量出現了25年來的首次負增長。鋁冶煉行業連年全行業巨額虧損，債務負擔沉重。

　　不少沿海企業仍從事傳統加工工業，沿用低效的生產技術和方式，導致市場空間被大量廉價、易淘汰的產品占據，造成實質性供給不良。改革開放以來，我國長期實行「需求引導供給，供給改善需求」的發展策略，在物資短缺、購買力較弱時期，過多注重「量」上的滿足，而對產品品質和品牌的強調遠遠不足。一旦收入水準提升，需求檔次提高，或者來自國外的低端需求數量減少，使得國內不可避免地出現一方面很多行業產能過剩，另一方面居民還想

方設法到國外或通過代購方式購買奶粉、馬桶蓋、高壓鍋等高品質消費品的奇怪現象。中國能否兼顧供求兩側，穩步調整經濟結構，減少無效和低端供給，擴大有效和中高端供給，對未來中國經濟發展至關重要。

3.民間投資下降

在過去相當長的時期中，投資一直是我國經濟增長的主要動力。儘管最近兩年消費超過投資和出口成為經濟增長的第一動力，但是在出口負增長的情況下，投資仍然是我國經濟增長特別倚重的動力。企業是民間投資的主力軍，其中小企業最具活力。中小企業作為我國國民經濟的重要組成部分和基本發展動力，在啟動市場競爭、創造就業機會等方面做出了重要貢獻。國家統計局資料顯示，中小企業占企業法人總數超過95%，其最終產品和服務價值占全國GDP總量的50%以上。由於思想觀念以及體制機制存在問題，政府與市場之間的關係失衡，市場在配置資源方面居於次要地位，種種規定和軟條件約束讓中小企業無法進入一些盈利較高的、新興的行業，導致中小企業在經濟轉型升級過程中投資意願下降。此外，銀行主導的金融體系存在「身份歧視」，在中小企業金融支援方面鮮有作為，中小企業即使有投資意願，但是它們面臨的資金緊張、融資困難問題至今沒有得到解決。圖8—5反映了民間投資增長率的變化情況。2015年底民間固定投資增長率為10.1%，與2013年初的24.1%相比，下降了58%（見圖8—6）。民間投資的大幅萎縮反映了中小企業的發展環境更加惡劣，使其規模擴張、技術研發和資金需求得不到滿足。中小企業缺乏足夠的生機與活力，這就給新型城鎮化中解決就業問題、保持經濟的柔韌性和彈性帶來巨大壓力。

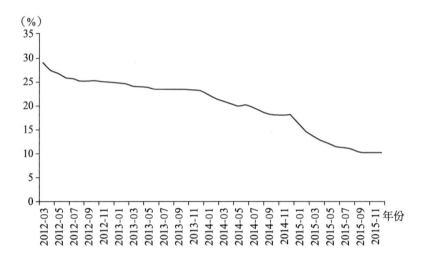

図8—5　民間投資增長率變化曲線

資料來源：國家統計局。

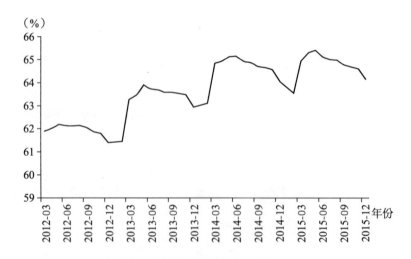

図8—6民間固定資產投資占比

注：民間固定資產投資占比＝民間固定資產投資額/全國固定資產投資額（不含農戶）。

4.中國貿易大而不強

2015年，我國貨物貿易進出口總值24.59萬億元人民幣，繼續保持全球第一的地位，較上一年繼續提升。從貿易「量」上看，我國是世界最大的貿易國，是100多個國家的最大交易夥伴，進出口貿易額超過世界總額的八分之一。從貿易「質」上看，在出口產品附加值、貿易競爭力和定價權等方面，中國距離成為貿易強國的目標仍然任重而道遠。一方面，我國出口產品多為低附加值產品，可替代性強，出口商品貿易額對價格變化非常敏感；傳統的依靠廉價勞動力的中國製造產品正在失去往日的榮耀。2015年紡織品、服裝、箱包、鞋類、玩具、傢俱、塑膠製品等7大類勞動密集型產品出口總值2.93萬億元，出現了罕見的下降，同比降幅為1.7%。根據世界銀行的統計，在世界其他主要國家（地區）高科技出口占比下降的大環境下，中國的高科技出口占製成品的比重保持上升態勢，從2000年的19.0%穩步上升到2014年的25.4%，陸續超過歐元區、日本、英國和美國（見圖8—7）。儘管中國的高科技出口在製造產品中占比較高，但這些產品的關鍵技術和元器件多來自國外，不僅生產受制於人，而且利潤率相對較低，缺乏貿易談判定價能力。此外，我國擁有知名品牌的製造企業數量不多，製造業的國際競爭力不強。2015年7月22日，《財富》世界500強排行榜公佈，中國上榜公司數量達到了106家，僅次於美國，接近日本的兩倍，但這些公司主要集中在資源、能源、礦業、鋼鐵、運輸、電信、金融等行業，製造企業只有兩三家（見表8—1）。

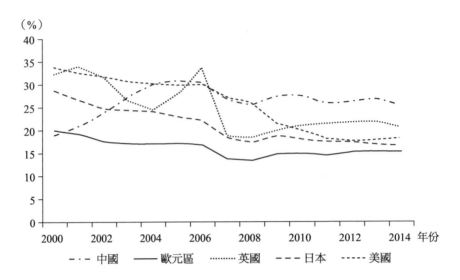

圖8—7 高科技出口（占製成品）比重變動情況

注：高科技出口產品是指具有高研發強度的產品，例如航空航太、電腦、醫藥、科學儀器、電氣機械。
資料來源：世界銀行。

表8—1 世界500強中的中國企業及排名

國際排名	公司	國際排名	公司
2	中國石油化工集團公司	274	江蘇沙鋼集團
4	中國石油天然氣集團公司	276	中國醫藥集團
7	國家電網公司	281	中國民生銀行
18	中國工商銀行	282	怡和集團
29	中國建設銀行	288	中國機械工業集團有限公司
31	鴻海精密工業股份有限公司	296	上海浦東發展銀行股份有限公司
36	中國農業銀行	304	渤海鋼鐵集團
37	中國建築股份有限公司	315	冀中能源集團
45	中國銀行	316	臺灣中油股份有限公司
55	中國移動通信集團公司	321	中國航空油料集團公司
60	上海汽車集團股份有限公司	326	中國冶金科工集團有限公司

續前表

國際排名	公司	國際排名	公司
71	中國鐵路工程總公司	328	中國太平洋保險（集團）股份有限公司
72	中國海洋石油總公司	336	和記黃埔有限公司
77	來寶集團	339	浙江物產集團
79	中國鐵道建築總公司	341	大同煤礦集團有限責任公司
87	國家開發銀行	342	中國華信能源有限公司
94	中國人壽保險（集團）公司	343	中國國電集團公司
96	中國平安保險（集團）股份有限公司	344	新興際華集團
105	中國中化集團公司	345	中國華電集團公司
107	中國第一汽車集團公司	354	江西銅業集團公司
109	東風汽車集團	355	和碩
113	中國南方電網有限責任公司	358	潞安集團
115	中國華潤總公司	362	廣州汽車工業集團
143	中國郵政集團公司	364	河南能源化工集團
144	中國兵器工業集團公司	366	中國電子資訊產業集團有限公司
146	天津市物資集團總公司	371	中國船舶重工集團公司
156	太平洋建設集團	373	山東能源集團有限公司
159	中國航空工業集團公司	379	山西晉城無煙煤礦業集團有限責任公司
160	中國電信集團公司	380	陝西延長石油（集團）有限責任公司
165	中國交通建設集團有限公司	382	晉能集團
174	中國人民保險集團股份有限公司	389	廣達電腦
186	中國中信集團有限公司	390	中國有色礦業集團有限公司
190	交通銀行	391	中國能源建設集團有限公司

續前表

國際排名	公司	國際排名	公司
196	神華集團	392	中國大唐集團公司
198	中國五礦集團公司	393	台塑石化股份有限公司
207	北京汽車集團	400	開灤集團
218	寶鋼集團有限公司	402	首鋼集團
224	中國華能集團公司	403	中國電力投資集團公司
227	中國聯合網路通信股份有限公司	409	山西陽泉煤業(集團)有限責任公司
228	華為投資控股有限公司	416	陝西煤業化工集團
231	聯想集團	420	中國光大集團
234	山東魏橋創業集團有限公司	423	仁寶電腦
235	招商銀行	426	中國通用技術(集團)控股有限責任公司
239	河北鋼鐵集團	432	中國遠洋運輸（集團）總公司
240	中國鋁業公司	437	中國航太科技集團公司
247	正威國際集團	451	鞍鋼集團公司
253	中國電力建設集團有限公司	457	中國保利集團
258	綠地控股集團有限公司	464	海航集團
264	山西焦煤集團有限責任公司	467	友邦保險
265	中國化工集團公司	471	國泰人壽保險股份有限公司
270	中國建築材料集團有限公司	472	臺灣積體電路製造股份有限公司
271	興業銀行	477	浙江吉利控股集團
272	中糧集團有限公司	500	武漢鋼鐵(集團)公司

資料來源：財富中文網。

8.2.2　複雜的國際環境和外部衝擊

1. 外部需求低迷導致出口驅動失效

美國、歐盟、日本等發達國家和地區的經濟仍處於金融危機後的溫和復甦階段，經濟增長乏力。據國際貨幣基金組織估計，2015年發達經濟體的經濟增長率為1.9%，雖相較於2014年提升了0.1個百分點，但仍遠低於全球3.1%的經濟增長的平均值。發展中國家的經濟增長率為4.0%，較2014年下降了0.6個百分點（見圖8—8）。儘管IMF預測2016年、2017年世界經濟增長率為3.4%和3.6%，但是增長動力微弱。發達國家未能恢復到2007年的增長水準，發展中國家也只有同期增長率的一半。低迷的世界經濟環境意味著外部需求難以增長，中國的出口有可能繼續負增長，出口不再發揮經濟增長驅動力的作用。

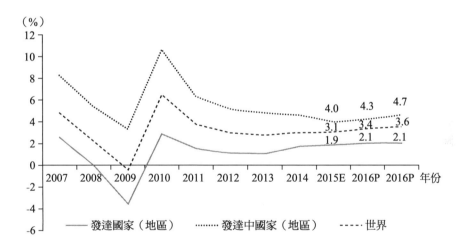

圖8—8　世界主要國家GDP增長率及預期

注：2015年為估計值，2016年、2017年為預測值。
資料來源：IMF：《世界經濟展望》。

在我國的主要交易夥伴中，美國保持了經濟復甦的良好勢頭，歐元區和日本經濟依舊疲弱。根據江恩十年經濟循環週期規律[1]，雖然美國金融危機走過八年歷程，已經接近下調的尾聲，有望在2017年開始一個長達十年的上升週期，但是2011年爆發的歐洲主權債務危機才歷經五年，加上難民危機的困擾，離徹底走出陰霾至少還有4～5年的時間。2015年，我國貨物貿易進出口總值24.59萬億元人民幣，相比2014年下降7%。其中，出口14.14萬億元，下降1.8%；進口10.45萬億元，下降13.2%。實際上，自2010年以來，我國對主要發達國家（地區）的出口增長大幅度下降，而且非常不穩定（見圖8—9）。例如，中國對美國的出口增長率從2010年的28.1%一路下滑，跌至2015年的3.4%；同期，中國對日本的出口增長率從22.7%跌至－9.1%，對歐元區的出口增長率從33.6%跌至－6.1%，對英國的出口增長率從24%跌至4.4%。由於發達國家占據我國對外貿易大約一半的份額，如果發達國家和地區的經濟增長或復甦乏力，並保持對華進口需求下降的趨勢，我國出口企業的處境將變得十分困難。

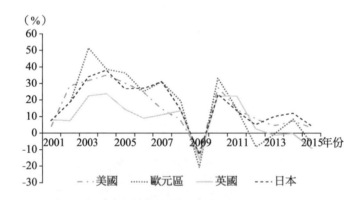

圖8—9　中國對主要發達國家（地區）的出口增長率

資料來源：世界銀行。

1　十年經濟循環週期是江恩分析的重要基礎，江恩認為，十年週期可以再現市場的循環。一個新的歷史低點與一個新的歷史高點之間相距十年。任何一個長期的升勢或跌勢都不可能持續三年以上，其間必然有3～6個月的調整。因此，十年循環的升勢過程實際上是前六年中，每三年出現一個頂部，最後四年出現最後的頂部。參見百度百科。

新興市場國家的經濟增速雖然快於發達國家，但因其結構性矛盾日益突出、技術創新能力較弱，經濟的對外依賴性較強，抵禦外部衝擊的風險管理能力較差，在發達國家經濟復甦緩慢、大宗商品價格大幅下降、資本外流加劇的情況下，經濟增長普遍放緩。目前，新興市場國家在中國的對外經濟中所占比重越來越高，中國一半以上的對外貿易來自新興市場國家和發展中國家，特別是「一帶一路」倡議提出後，中國與沿線國家的經濟和貿易日益緊密，投資和貿易也更多地轉向了這些國家。由於地緣關係緊密，中國與韓國、印度、東盟國家的貿易增長迅速，2001年以來，對這些國家和地區的年均出口增長率超過20%（見圖8—10）。2015年，新興市場國家經濟表現欠佳，它們的進口需求下降，導致中國對新興市場的出口大幅下滑。例如，對韓國的出口增長率從2010年的28.3%下降到2015年的1%，同期，對印度的出口增長率從37.7%下降到7.4%，對馬來西亞的出口增長率從21.3%下降到－4.5%。

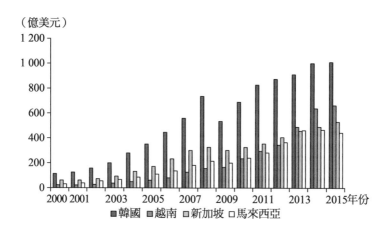

圖8—10　2000—2015年中國對東南亞主要國家出口情況變動

資料來源：IMF，IFS.

　　在當前世界經濟低迷、主要交易夥伴的外部需求減少的背景下，如果不能採取有效措施來提高我國的出口競爭力，我國就有可能失去出口驅動力，給經濟增長和就業造成前所未有的壓力。

2. 中國製造的國際競爭壓力加大

在全球金融危機之後，發達國家著手進行產業結構的調整，反思金融「脫實就虛」現象，大力加強監管，要求金融機構去槓桿，更多地為實體經濟服務。與此同時，為了保持其經濟和技術的領先地位，它們紛紛回歸實體經濟，尋求產業轉型，大力促進高端製造業的發展，提升本國製造業在全球的競爭力。美國、日本和以德國、法國為代表的部分歐洲國家紛紛制定並出臺了「再製造業化」戰略：美國的「重振製造業計畫」、「高端製造計畫」著眼於通過創新發展新能源、新材料、生物技術等新興產業；日本除了在以機械設備製造、汽車及關鍵零部件製造為代表的工業競爭力上保持全球第一以外，還大力發展機器人、新能源汽車、3D列印和IT的作用；德國推出高科技的「工業4.0」計畫，提升製造業的智慧化水準，建立具有適應性、資源效率及人體工程學的智慧工廠；法國提出「工業化新法蘭西」計畫重點發展知識與技術密集的七大戰略產業。主要工業國家這些提振製造業的計畫提高了中國進入高端製造市場的門檻，有可能進一步拉大我國與它們在高端製造方面的差距，對於我國發展創新技術和產業升級形成了強有力的挑戰。一方面，由於勞動力成本較快上升，我國在勞動密集型的低端製造品方面正在喪失優勢；另一方面，發達國家在高端製造品方面加大投入，形成較高的技術壁壘，使得我國在國際貿易中的比較優勢一路下滑，得自貿易的收入大幅度下降。貿易順差占GDP的比例從2007年的頂峰10.02%下降到2013年的穀底1.56%。最近兩年，由於大宗商品價格大幅下跌，進口支出比出口收入減少得更多，儘管出口出現負增長，貿易順差卻有所擴大，經常帳戶差額占GDP的比例提高（見圖8—11）。

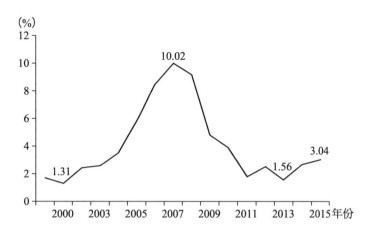

圖8—11 中國經常帳戶差額占GDP的比例

3. 國際產能合作面臨更大的競爭壓力

　　加強國際產能合作，獲得新的市場，延伸我國一些製造業的生命週期，這是更有效地實現我國產業轉型升級的一個必然選擇。新興市場國家是我國國際產能合作的主要對象。自2008年金融危機爆發以來，貿易保護主義抬頭，新興經濟體的製造業首當其衝，大多數貿易壁壘是發展中國家設置的。新興經濟體發展主要依靠低價格、低附加值的勞動密集型、資本密集型產業，產品技術壁壘低、同質性高，相互之間競爭激烈，引起貿易摩擦的可能性相對較高。而發達國家的高新技術產品正是新興經濟體所缺少的，產品替代性較弱，對新興經濟體市場進入的貿易壁壘的影響小。同時我國充裕的廉價勞動力在新興市場國家並不具備明顯優勢，要想重新占領新興市場，必須提高產品技術含量。如前所述，主要工業國家加大了研發投入，更加重視維持本國的製造業優勢和國際競爭力，受美日重返亞太戰略和新一波全球產業整合浪潮的影響，發達國家開始逐漸加強對東南亞地區、非洲以及「一帶一路」沿線國家的產業轉移和直接投資的力度，與中國相比，歐、美、日發達國家在技術上具有明顯優勢，對中國在這些地區的直接投資和國際產能合作產生了巨大衝擊。

8.2.3 資本流動可能威脅經濟的穩定性

人民幣加入SDR客觀上對我國金融開放提出了更高的要求。中國人民銀行表示，中方將繼續加快推動金融改革和對外開放，為促進全球經濟增長、維護全球金融穩定和完善全球經濟治理做出積極貢獻。毋庸置疑，中國經濟將面臨越來越開放的宏觀環境，在此環境下，資本流動、金融與實體經濟間將有更為複雜的關聯，實體經濟受到人民幣匯率、金融市場、國際資本流動衝擊的風險更大。

1. 資本流動衝擊實體經濟的風險

資本帳戶更加開放，在獲得優化配置國內外兩種資源的同時，很難避免短期資本流動的套利性衝擊風險。人民幣加入SDR，意味著中國為全球提供了一種儲備資產，必然會增加全球資產管理者對人民幣的關注和買賣需求，而人民幣匯率靈活性的增加，反過來提高了人民幣資產的匯率敏感度，短期內可能引發更多的資本流動。從國際經驗看，短期資本快速流入容易引起資產泡沫，隨後資產快速大規模流出，容易引發金融市場混亂甚至金融危機，破壞實體經濟的資金鏈，造成人為的經濟波動。

從資本流入的衝擊角度看，短期內大規模的資本流入可能導致三大類風險：（1）外匯市場上本國貨幣供不應求局面，形成本幣升值風險；（2）國內流動性過剩，壓低利率水準，生產企業過度借貸而形成經濟過熱風險，同時債市、股市與房地產等市場價格虛高，形成資產價格泡沫；（3）在本幣匯率高企、利率水準較低的背景下，本國企業與金融機構大量借入外債，形成資產負債表上的貨幣與期限錯配風險。上述三種風險均有可能為金融危機埋下伏筆。以韓國為例，為了滿足經濟合作與發展組織（OECD）的准入要求，韓國於1993年實現了經常專案和資本項目下的自由兌換，1995年對國外投資者開放了資本市場和貨幣市場。在內部金融改革不徹底的情況下，迅速開放本國金融市場，導致短期內大量國際資本流入。1996年韓國的外匯儲備為332億美元，而短期外債就高達930億美元。由於金融監管當局對金融開放產生的匯率風險、

流動性風險、衍生品交易風險、外債風險等估計嚴重不足，導致東南亞金融危機在韓國一觸即發。

由於短期資本流動具有較強的投機性，一旦流入國經濟預期發生變化，或者金融市場套利預期收益下降，或者主要貨幣發行國的貨幣政策發生變化，或者國際社會有什麼風吹草動，就會誘發資本流入突然發生中斷、停止，繼而發生方向逆轉，短期資本開始大規模流出。在短期資本流出過程中，不僅外資大規模流出，出於逐利或避險的需要，國內資本也有可能加入大規模流出的行列。從短期資本的流出衝擊角度看，也會造成三方面的不利後果，包括：（1）國內利率水準急劇升高，使實體產業融資成本上升，引發資金鏈斷裂而陷入停滯破產狀態，使實體產業產生滅活效應；而被滅活了的實體產能隨後就可能被國際資本以極低廉的價格收購，成為為外資打工的實體；（2）資產價格大幅下跌，刺破前期資本流入造成的資產泡沫，使持有國內資產的居民部門、企業部門和政府部門的資產負債表的資產方嚴重受損；（3）本幣對外幣匯率顯著貶值，使得過去大量對外幣舉債的國內金融與實體產業部門的對外負債急劇增加，從而加大它們破產以及被外資兼併收購的風險。

2. 資本流動對實體經濟的衝擊實證研究

Hutchison and Noy（2006），Joyce and Nabar（2009）等發現，如果將「一國資本淨流入的下降幅度在1年內達到該國資本流動樣本均值的2個標準差以上」定義為「資本流入突然停止」，則這種「突然停止」對實體經濟的衝擊最為嚴重，一般貨幣危機導致產出在3年內平均下降2%～3%，而「突然停止」則會導致產出下降13%～15%。

為量化討論資本流動對實體經濟的衝擊，本章選擇占全球經濟總量90%的G20國家作為研究對象，以面板資料模型為工具進行實證分析。

（1）基本的計量模型設定。

$$\mathrm{GDP}_{it} = \alpha_i + \eta_t + \beta \, \mathrm{GDP}_{it-1} + \sum_{n=0}^{\varpi} \gamma_n \, \mathrm{CAP}_{it-n} + \xi_{it}$$

式中，GDP_{it} 為被解釋變數，表示國家 i 在 t 年的實際GDP增長率；α_i 表示國家 i 的固定效應，η_t 表示 t 年的時間效應；研究中通過檢驗，最終本章選擇了固定效應模型；$\sum_{n=0}^{\omega} \gamma_n CAP_{it-n}$ 表示資本流動對GDP的影響之和，其中 CAP_{it-n} 表示國家 i 的第 $t-n$ 年的資本流動指標，本章中分別以淨資本流入、淨資本流入增長率、資本流入、資本流入增長率四個指標進行建模；ω 取值從0到2，考察不同滯後期的影響，因此，對每一個資本流動指標均可構成三個子模型；ξ_{it} 為隨機誤差項。

（2）資料選擇與模型分組。

本章選擇資本流入及其增長率、淨資本流入及其增長率作為資本流動衝擊的度量指標。為避免時間序列過短影響建模可靠性，本章取2002—2015年的資料，將部分資料缺失的國家刪去。由於發達國家與發展中國家的資本流入特徵不同，中國作為發展中國家，隨著人民幣國際化進程的展開，其資本流動將有可能具備部分發達國家特徵，尤其是中國處於從相對嚴格的資本管制向相對寬鬆的資本管理過渡期，與其他國家相比存在較大的制度差異，因此，本章沒有包括中國。對發展中國家與發達國家分組建模。其中發達國家組包括下列9個國家：澳洲、加拿大、德國、法國、義大利、日本、韓國、英國和美國；發展中國家包括阿根廷、巴西、俄羅斯、南非等4個國家。

（3）實證結果。

研究發現，無論是對發達國家組，還是對發展中國家組，資本流入增長率與資本流入淨額增長率對經濟增長的影響均不顯著，本章在此不作詳細報告。對發達國家而言，資本淨流入的變化對經濟增長的影響並不顯著，不過資本流入金額對總產出有顯著的影響。對發展中國家而言，建模結果表明，無論資本流入還是資本淨流入，當期都會對GDP增長產生顯著影響，而且在10%的置信水準上，前一期資本淨流入對當期GDP增長的影響也是顯著的（如表8—2所示）。

表8—2　資本流入與資本淨流入對經濟增長的影響

	資本流入		資本淨流入	
	CAPT	CAPT(−1)	CAPN	CAPN(−1)
發達國家組	0.359** （0.038 3）	0.381** （0.044 3）	0.138 （0.548 1）	0.421 （0.840 5）
發展中國家組	0.306 8** （0.044 1）	0.238 7 （0.145 0）	0.313 7** （0.031 3）	0.269 6* （0.088 2）

　　注：表中CAPT表示資本流入，CAPN表示資本淨流入；每個儲存格中上方為係數值，*表示在10%的水準上顯著，**表示在5%的水準上顯著；下方為對應的p值。

　　對過去13年G20國家的實證研究表明，資本流入對各國的經濟增長都有顯著的影響。發達國家資本流入每增加100億美元，GDP增長率大約可增加0.36%。發展中國家資本流入每增加10億美元，GDP增長率大約可增加0.31%，當然，發展中國家多為資本淨流入國，因此，資本淨流入每增加10億美元，帶來的GDP增長率大致也是0.31%。相反，如果由於某種原因出現資本流出，發達國家每流出100億美元，或者發展中國家每流出10億美元，它們的GDP增長率大約會下降0.3%。

3. 加劇經濟虛擬化的風險

　　自20世紀80年代以來，受到資訊技術進步和經濟全球化的影響，國際金融出現了證券化、電子化和國際化趨勢，金融創新層出不窮，金融衍生品市場異軍突起，金融交易逐漸脫離實體經濟。根據國際清算銀行的統計，2014年世界股票交易額占GDP的比例為102.4%，1990年該比例僅為32%（見圖8—12）。國際未償債務餘額的增長率也大大高於實體經濟的增長率。在2008年金融危機爆發之前，二者的年均差距達到13%。此後發達國家大力去槓桿，二者的差距大幅縮小（見圖8—13）。

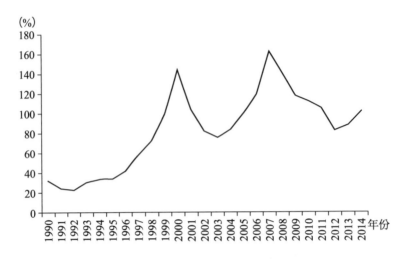

圖8—12　世界股票交易總額占GDP比重

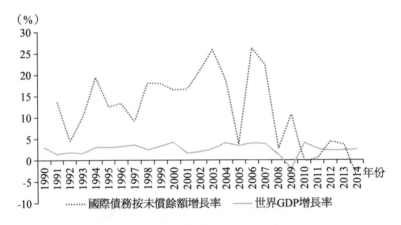

圖8—13　世界債務與GDP增長率的對比

　　從全球範圍看，在過去的25年中，金融活動越來越多地關注自身的產品衍生與交易，越來越少地關注對企業和個人的信貸支援。也就是說，金融更多強調為金融服務，而不是強調為實體經濟服務，金融業自身脫離實體經濟自我繁榮，形成了一個快速增長、聚集巨大財富的龐大虛擬經濟。在中國金融市場開放度有限、金融市場不發達的情況下，中國較少受到這種經濟虛擬化的影響。然而，隨著中國經濟、金融逐步融入全球經濟，尤其是人民幣成為國際貨幣之

後，金融「脫實就虛」問題開始顯現，虛擬經濟甚至在一定範圍內受到追捧。突出表現為一些地方政府不切實際地推動金融業發展，一些企業家不願投資實業，寧願通過理財、金融資產投機來「一夜暴富」。在華爾街虛擬經濟示範效應的影響下，金融不是主要為實體經濟服務的工具，而是通過金融產品和金融市場創新，通過金融技術來「掙快錢」的手段。這種觀念在不少人心中十分流行。不難預料，在資本帳戶更加開放的情況下，資本跨國流動將更加頻繁，規模也將擴大，一定程度上會刺激中國的虛擬經濟膨脹，使原本應投資實體經濟的資金投向容易「掙快錢」的金融產品，挫傷我國實體經濟發展。此外，由於在國際範圍內配置資源更加便捷，使得原本應投資於國內產業的資金投資於國外產業，有可能出現英、美、日發達國家曾經歷過的「產業空心化」，有損人民幣國際化長遠發展的根基。

值得注意的是，世界經濟發展不平衡，各國的經濟週期並不完全同步，投資回報率的國際差異一直存在，在過去20年中，新興市場國家的投資回報率就明顯高於發達國家。隨著更高水準的對外開放，中國居民海外投資機會必然增多，通過對外直接投資、對外人民幣貸款、發行人民幣債券等方式，可以獲得較國內更高的投資收益率。這種提高資金收益率的跨國投資行為無疑會部分擠壓國內資金。發展中國家的經驗表明，在完全市場機制的作用下，高回報率的對外投資會對國內投資產生擠出效應，或者拉升國內的投資回報率。目前，在產業結構調整過程中，我國的第二產業平均投資收益率相對較低，容易導致資金流向回報率更高的股市或金融交易產品，從而造成金融資產泡沫，加大金融系統風險。與此同時，實體經濟卻得不到必要的資金支持。

在人民幣國際化過程中，為了滿足不同風險偏好的國際機構對人民幣金融資產的需求，以及構建適當的人民幣回流機制，中國需要大力發展多層次金融市場，增加多元人民幣產品供給。這兩個因素將共同促進我國虛擬經濟的擴張。如果不能在金融發展與金融為實體經濟服務之間找到一個適當的均衡點，不能對這一金融擴張進行有效控制和規範，就會造成虛擬經濟過度膨脹，增加實業投資下降和經濟去工業化風險，不利於中國經濟結構穩定和可持續發展。

8.3 供給側改革的主要抓手

要解決中國經濟存在的主要問題，必須轉變發展思路和經濟模式。在2015年10月召開的中共十八屆五中全會上，首次提出了「創新、協調、綠色、開放、共用」五大發展新理念，要求充分發揮市場在經濟發展中的基礎性作用，要求制定政策的著眼點從以前的需求管理轉向供給側改革。供給側改革的實質，就是從生產要素供給角度出發，通過「去產能、去庫存、去槓桿、降成本、補短板」，降低無效產能，盤活資產存量，彌補結構性短板，提高全要素勞動生產率，為中國經濟維持中高速發展培育新的動力。如果中國能夠在十三五期間順利完成供給側改革任務，建立起能夠適應國際國內環境新變化的可持續發展的經濟結構，必將夯實人民幣國際化的經濟基礎，使得人民幣避免遭遇日圓國際化的困境，擁有打破國際金融市場貨幣使用慣性的強大動力，成為最重要的國際儲備貨幣之一。

8.3.1 抓住主要矛盾，去產能、去庫存、去槓桿

如前所述，在過去相當長一段時期內，中國經濟對出口和投資有較高的依賴，具有粗放型經濟特徵，有些地方追求經濟增長時不計成本，對環境造成較大破壞。為了實現經濟轉型升級的目標，滿足人民更高生活品質、更美生態環境的新需求，當務之急是進行供給側改革，做好「減法」和「加法」。做「減法」，即去產能、去庫存、去槓桿、降成本，這是調整產業結構、剔出侵害經濟軀體健康痼疾的「釜底抽薪」之舉。在外部需求大幅減少而且樹立綠色經濟新理念後，一些出口導向企業供過於求，產品積壓，連年虧損，失去了生存空間；一些高汙染、高耗能和資源消耗型企業因為不符合綠色經濟的要求而必須關閉；一些加重企業負擔、提高經營成本的不合理收費必須降下來。

從需求角度看，目前中國產能嚴重過剩的行業主要有五大類：鋼鐵、煤炭、化工、建材、電解鋁。以鋼鐵行業為例，根據國家統計局資料，2015年我國粗鋼產量8.04億噸，同比降低2.33%，出現了自1981年以來的首次負增長；

鋼材實際消費6.64億噸,為1996年以來首次下降。鋼鐵企業產能利用率不足67%,一半的鋼鐵企業處於虧損狀態。煤炭、化工、建材和電解鋁行業的情況與鋼鐵行業類似,大致需要去除30%的產能才能實現供求平衡、健康發展。

深入探究五大行業產能過剩的原因,不難發現,其實它們都與房地產庫存增加高度正相關,有內在的一致性。自1998年中國實行住房制度改革以來,居民購買住房的熱情高漲,加上3億農民工進城,形成了巨大的住房剛性需求。在旺盛的需求推動下,2001—2007年商品房銷售額年均增長幅度接近30%(見圖8—14),房地產很快成為中國經濟的一大支柱產業,進而帶動了上下游鋼鐵、建材、家電、石化裝修等60多個產業的快速增長。2008年國際金融危機爆發後,政府出臺4萬億元經濟刺激計畫,進一步推動房地產銷售額在2009年達到峰值。自2010年以來,政府著手控制房價過快上漲,防止出現房地產泡沫,房地產行業結束了高速增長期,投資性需求開始下降,商品房庫存上升。

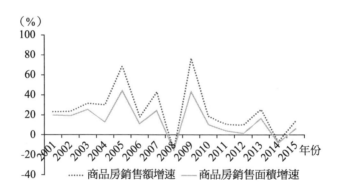

圖8—14　2001—2015年全國商品房銷售變化情況

資料來源:國家統計局。

然而,經過近20年的高速增長,房地產出現了供求失衡的局面,一線城市商品房供不應求,房價高企,一些三線、四線城市商品房庫存積壓嚴重。根據國家統計局公佈的資料,2015年商品房銷售面積128 495萬平方米,同比增長6.5%,商品房銷售金額增速回升了14.1%。商品房待售面積71 853萬平方米。2011—2015年商品房待售面積年均增長率高達22.2%(見圖8—15)。由於居民

的投資管道較窄，商品房逐漸偏離了居住功能，演變成為一些人投資的工具。據中國經濟網報導，如果按照我國人均住房面積30平方米計算，目前無人居住的「空置」住房可供近2.4億人口居住。商品房庫存增加，直接導致上游的建材和鋼鐵行業庫存上升（見圖8—16和圖8—17）。

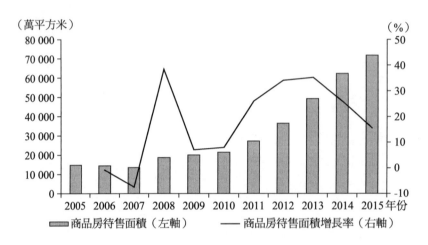

圖8—15　2005—2015年全國商品房待售面積及增長率

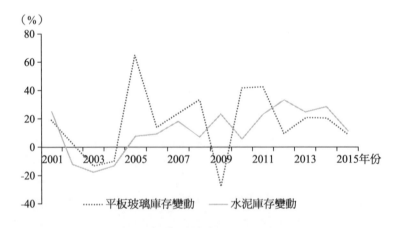

圖8—16建材行業庫存變動情況

資料來源：國家統計局。

　　從微觀企業角度看，去產能意味著停工停產甚至企業破產倒閉，工人下崗，已投入的資本無法收回，成為沉沒成本，很多企業家不願主動採取措施去

產能。從政府角度看，上述五類行業都是重資本型企業，對地方政府的經濟增長業績、稅收、解決就業有較大貢獻，因此地方政府往往難下決心放棄這些企業，讓其關、停、並、轉。從銀行角度看，這些產能過剩的企業以前曾經是銀行大力支持的客戶，獲得過銀行的巨額貸款，毫無疑問，去產能、去庫存、去槓桿意味著銀行的不良貸款有可能大幅增加，在績效考核的壓力下，有的銀行在停止向這些企業發放貸款或者堅決收回貸款方面權衡再三、猶豫不決。

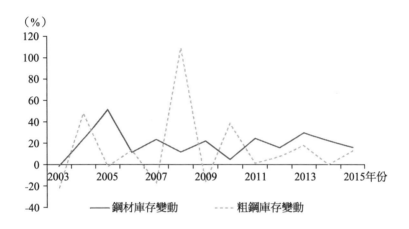

圖8—17　2003—2015年鋼鐵行業庫存變動情況

資料來源：國家統計局。

　　面對這種複雜的情況，必須堅持以下幾個重要原則：（1）尊重市場規律，發揮市場在配置資源中的決定性作用。只要政府不干預，產能過剩問題交由市場來解決，市場競爭的優勝劣汰機制就會迫使企業努力削減過剩產能，並對抱殘守缺的企業形成懲罰。（2）進行整體設計，不能碎片化去產能、去庫存、去槓桿。去產能、去庫存和去槓桿是一項複雜的系統工程，涉及多個相互關聯的行業，不能單刀直入，需要發揮板塊聯動效應，以房地產為核心去庫存，只有抓住主要矛盾發力，才能收到良好的效果。否則，相互割裂、獨立地去產能，容易相互掣肘，事倍功半。（3）對於國有企業，主管部門應做出科學研判，順應市場形勢，堅決放棄拯救僵屍企業，努力推動兼併重組，與此同

時，做好職工就業安置工作，保持社會穩定。

8.3.2 內外並舉，彌補技術和品牌短板

實施供給側改革，在做好「減法」的同時，還必須下大力氣做好「加法」。增加基礎設施、養老、醫療、教育、環保、文化體育設施投入，針對人民群眾日益增長的物質文化需求，提供有效的供給。筆者認為，補短板的關鍵在於技術進步，至關重要的是應該實行傾斜政策，加大科研投入，著力彌補技術短板，從提高生產力、提高勞動生產率角度出發，提升科技對經濟增長的貢獻率。

1. 鼓勵發展科技創新，增強產業核心競爭力

從主要工業國的情況看，科技在它們的國民經濟增長中具有超過50%以上的貢獻率，在美國，科技對經濟增長的貢獻率更是超過70%。儘管中國在十二五時期加大了科研經費投入，鼓勵萬眾創新，在航太、4G移動通訊、高鐵、核電等領域已經與世界先進水準同步甚至領先，但是與先進的發達國家相比，中國的整體技術水準仍然比較落後。在中國的經濟增長中，科技的貢獻不足50%。目前在中國的9個高技術領域中，具有貿易競爭力的只有電腦與通信技術、生物技術兩個領域，其他7個領域的貿易競爭力都較差。為了獲得未來十年的國際產業鏈高端競爭力，中國需要採取包括財政、金融、收入、智慧財產權等方面的綜合措施，鼓勵創新和科技成果轉化為生產力，不斷提高產業的技術含量和勞動生產率，推動貿易和產業結構升級。政府應該鼓勵投資高技術的產業基金，實施刺激企業研發投入的財政會計制度，加大高新技術引進消化和專利技術轉化的稅收優惠，通過完整的政策支援，增強企業技術創新的內在動力，促使企業真正成為技術創新的主體。具體措施包括：對自主創新型產業和經濟活動實行稅收激勵，加大對企業研發投入的稅前所得的抵扣力度，允許企業加速用於研發的設備儀器的折舊，減免高新技術企業所得稅；鼓勵銀行、證券、保險、基金等金融機構加強對創新型企業的金融服務支援等。同時要引導外資投向高技術領域，約束、限制對低技術產業的投資力度。在對外商逐步實

施國民待遇的同時，採取適當的稅收優惠和限制政策，促使FDI更多地投向高技術含量的通用設備製造業、通信設備電腦及其他電子設備製造業，提高與貿易有關的外國直接投資活動的技術含量，推動貿易持續穩定健康的發展。

鼓勵企業增加研發經費投入，爭取在2020年實現科技進步對經濟增長的貢獻率達到60%的目標，從而將「中國製造」轉變為「中國質造」和「中國智造」。一旦完成這樣的經濟「蛻變」，中國經濟就會擁有較強的國際競爭力，更容易從產業鏈的中低端走向中高端，人民幣國際化的根基將更加牢靠。

2. 加大對發達國家高端製造業的併購，以增加高技術供給

主要工業國的製造業歷史悠久，眾多企業擁有國際知名品牌和核心技術。目前，一些中國企業具備了雄厚的經濟實力和較強的吸收先進技術的能力，在激烈的國際競爭中亟須擁有核心技術，以便實現產品升級。核心技術主要應該通過自主研發獲得，在合適的條件下，購買、消化發達國家先進企業的技術也不失為一條捷徑。特別是這場國際金融危機還未結束，歐洲又受到新的難民危機的打擊，經濟復甦的不確定性增加，不少製造企業因為市場萎縮難以生存，它們有出售自身擁有的品牌和技術甚至出售整個企業的願望和動機，中資企業應該抓住機會，結合產業轉型升級的實際需要，選擇理想的目標企業，通過併購來充實技術、品牌和國際行銷網路，更快地從國際產業鏈低端走向高端。

當然，即便是對西方企業進行併購這樣一種純粹市場化的行為，由於歐美部分國家對中國的偏見，也有可能受到政治阻撓。因此，有必要發揮政府的引導和支持作用，協調政治、外交、社團等多方力量，幫助中資企業完成發達國家企業的併購活動，以提升本國企業的技術水準，構建國際行銷品牌和網路，提高本國企業對全球商品市場的供給水準。

3. 加強品質與品牌建設補足有效供給短板

進入中等收入階段，消費方面最大的變化是更加注重品質與品牌，沒有品牌意味著沒有市場和立錐之地。因此，培育一大批名牌企業，是中國實體經濟能夠抵禦各種不利衝擊的保障。中國政府應該制定法律法規，從智慧財產權上保護企業發展品牌所需的良好市場環境，並從文化輿論角度，加強對國內產品

與品牌的正面宣傳。實際上，中國企業現有的技術與管理水準，足以生產出滿足高端需求的高品質產品，不至於發生到國外蜂擁購買日用消費品的現象，但是，國內企業自主品牌意識薄弱，同一家企業往往重視為外資配套生產的產品品質，輕視內銷品牌的產品品質，從而損害了自有品牌的美譽度。此外，人們對國產自主品牌長期以來有一種低質低價的印象，影響了高端消費非進口品莫屬的選擇傾向，國人不願出高價購買內資品牌，內資品牌只好提供與低價對應的低質產品，進一步強化了內資品牌低質低價的形象，並形成一種難以打破的惡性循環。

因此，中國企業要創建世界品牌，培育國內消費市場，一是需要企業嚴把品質關，以長期的高品質養成品牌美譽度，同時國家要依法保護內資企業品牌，嚴懲假冒偽劣等侵犯智慧財產權的行為，規範市場環境，保護內資品牌。

中國產業轉型升級離不開國際市場，需要在鼓勵企業「走出去」的同時，制定國家品牌發展中長期計畫。充分利用駐外領事館與當地華人團體機構，定期舉辦各種中外企業參加的展會，幫助企業了解當地環境與文化，使「走出去」的企業了解當地市場細分，做到有的放矢，同時幫助企業建立海外暢通的銷售管道，推廣企業品牌。過去中國企業的常見戰略是先占領國內市場，然後為外企貼牌，以貼牌生產形成的品質聲譽在國際市場上尋求代理商，逐步推廣自己的品牌。這種方式在互聯網思維獨角獸企業橫行的今天已經很難成功，因此借鑒和學習聯合利華、寶潔公司等跨國企業的品牌管理戰略，以適當的代價收購當地知名品牌，發揮「互聯網＋」的優勢，展開創新性的品牌管理，以建立暢通的銷售管道和合理的品牌運作與管理模式。

8.3.3 強化金融服務實體經濟功能

1. 防範產業資源錯配與經濟泡沫化風險

金融是高效的資源配置手段，發達的金融市場、豐富的金融工具對實體經濟的發展起著重要的推動作用。人民幣加入SDR後，中國的金融市場更加開放，人民幣同時涵蓋離岸和在岸市場，參與主體、產品創新和豐富程度將會出

現跨越式發展，金融業自身也具備了脫離實體經濟進而自我膨脹、自我服務的更大可能性，因此，尤其需要強調長期以來中國明確的金融業定位，擺正金融與實體經濟的關係，金融服務實體經濟的理念不應該有任何動搖。

在資金要素的分配方面，中國應發揮本國社會制度的優勢，綜合運用財政稅收政策，平衡國內金融運作的超額收益與實體產業的平均利潤，抑制金融「脫實就虛」的自我膨脹、自我循環傾向，防止在股票市場、黃金市場、房地產市場、外匯市場和部分衍生品市場滋生資產泡沫，擠占實體經濟的投資，確保金融機構運用資金來服務實體經濟。

應該加強對外資的引導，培育更加便捷和合法合規的營商環境，鼓勵外資投資於商品市場、服務提供等實體經濟，帶動中國相關產業提高技術和經營管理水準。

加強產融合作，在風險可控的情況下加快國際產能合作的力度，更好地實現國內去庫存、壓產能的產業轉型升級目標。依靠國內科技水準的提高，提升海外投資的技術含量，提高中國對外直接投資（FDI）的技術溢出效應，以保持中國海外投資的競爭優勢。同時鼓勵海外投資收益回歸國內，投資於科技研發與產業升級，投資於對傳統實體產業的科技革新，提升國內工業水準。中國應該充分吸取日本經濟在日圓大幅升值、日圓國際化進程中的教訓，防止產業過快轉移到國外，避免出現產業空心化以及去工業化，否則，經濟很可能失去增長基礎和發展動力，難免出現「失去的二十年」。

2. 多種手段保障金融服務實體經濟

（1）加快國內金融市場建設。既要形成與我國實體產業規模相適應的資本市場規模，又要發展與經濟轉型升級要求相匹配的金融主體和市場，使得各類企業的投資生產需求、個人升級的消費需求都能夠得到充分的金融支援，讓國內外資本能在國內金融市場上發現令人滿意的金融產品。與此同時，高度重視金融的虛擬化程度，適當約束純粹金融體系內運轉、以金融體系內盈利乃至以規避金融監管為目的的金融衍生品的發展，在國內形成實體產業發展及國際產能合作可以依託的相對安全的資本市場。

（2）審慎、漸進、可控地開放資本帳戶與金融市場，加強大資料技術的應用，整合銀行、證券和保險業的監管力量，對資本流動加強監控。在資本帳戶與金融市場開放過程中，設計引入各種資本流動檢測和管理工具，比如開徵有利於遏制短期資本流動的托賓稅等，通過提高成本、約束流動速度等方式減緩短期資本流動的衝擊。

（3）加強宏觀審慎政策的實施力度。通過對金融機構淨外幣頭寸徵稅，在發生短期資本異常流動時，提高或降低金融機構的資本充足率和撥備要求，抑制金融機構資產負債表的期限與幣種錯配，緩解資本短期波動對金融系統造成的衝擊。我們應該認真吸取日本在這方面提供的反面教訓。《廣場協議》之後日圓升值，日本政府未能及時調整國內金融市場，積極化解貨幣升值帶來的衝擊和風險，不健全的金融體制反而放大了這種衝擊和風險，釀成巨大的房地產泡沫和產業空心化，並為此付出了沉重的代價。

3. 加大對中小微企業的金融支持力度

中小微企業在推動市場競爭、提升市場活力、促進技術創新等方面作用巨大，已成為國民經濟和市場發展的重要力量。然而中小微企業的規模小、盈利能力弱、財務制度不完善、信用理念不足、財務報表資訊缺少和不實等因素，導致銀行對企業進行信貸前調查有一定的阻礙，中小企業信貸難問題成為制約其發展的重要原因。

為了切實解決中小企業融資難問題，2015年6月，中國人民銀行定向下調存款準備金率，決定從2014年6月16日起，對符合審慎經營要求且「三農」和小微企業貸款達到一定比例的商業銀行，下調人民幣存款準備金率0.5個百分點，引導信貸資源支持「三農」和小微企業。中國銀監會對銀行服務中小微企業進行引導和監督，從增速、戶數、申貸獲得率三個維度全面考察小微企業貸款增長情況，建立了「三個不低於」的監管標準。「三個不低於」是指在有效提高貸款增量的基礎上，努力實現小微企業貸款增速不低於各項貸款平均增速，小微企業貸款戶數不低於上年同期戶數，小微企業申貸獲得率不低於上年同期水準。

除了增加貸款可獲得性外，資本市場也努力拓寬中小微企業直接融資的管道。中國證監會提出了資本市場扶持小微企業的十條意見，通過大力培育私募市場和擴大公司債券範圍，建設和完善中國的多層次資本市場，讓優質的小微企業早日進入資本市場進行融資。新三板的設立為非上市股份有限公司的股份公開轉讓、融資、併購等相關業務提供服務，為中小型企業的發展做出了極為重要的貢獻。對於民營中小企業來說，新三板不僅為企業提供了新的融資管道，還可以引入戰略投資者，在帶來資金的同時，引入規範的公司治理，為企業做大做強奠定資本與治理的基礎。

2015年，財政部、稅務局、國家稅務總局聯合發佈《關於小型微利企業所得稅優惠政策有關問題的通知》。自2015年1月1日至2017年12月31日，對年應納稅所得額低於20萬元（含20萬元）的小型微利企業，其所得減按50%計入應納稅所得額，按20%的稅率繳納企業所得稅。金融機構與小型、微型企業簽訂的借款合同免征印花稅。另外還制定了一系列政策措施，給予中小企業一定的增值稅、營業稅優惠，降低中小微企業的稅負，增強它們的盈利能力，改善它們的財務狀況和信用，進而提高它們的融資能力。

8.4　人民幣國際化有利於中國經濟轉型升級

進行供給側改革，中國經濟健康、可持續發展有利於夯實人民幣國際化的物質基礎，不容忽視的是，人民幣國際化本身就是在建設更加穩健的國際貨幣新秩序、增加國際流動性供給，可為中國實體經濟轉型升級提供一個良好的環境和推動力。實際上，建立在中國經濟發展基礎上的人民幣國際化，與中國經濟發展具有良性互動機制，能夠在一定程度上為鞏固國內產業基礎，抵禦來自國際社會的不利衝擊，促進中國經濟儘快完成結構調整提供必要的支援。

8.4.1　人民幣國際化可促進直接投資和產業升級

　　積極利用外資，大力引進先進技術，是我國製造業長足進步、成為世界加工廠的一個重要因素。

　　中國擁有14億人口，地區經濟發展不平衡，正處在新型城鎮化進程中，可以為從底端到高端、從第一產業到第三產業、從普通消費品到奢侈消費品、從物質到精神的生產企業提供寬廣的市場，這對國際投資者有巨大的吸引力。商務部資料顯示，截至2015年12月底，中國非金融領域累計設立外商投資企業83.7萬家，實際使用外資金額16 423億美元。人民幣國際化進程加快，特別是加入SDR後，國際社會對中國的經濟前景繼續看好，全球500強跨國公司繼續在華投資新設企業或追加投資，所投資行業遍及汽車及零部件、石化、能源、基礎設施、生物、醫藥、通信、金融、軟體服務等，當年實際使用外資金額7 813.5億元人民幣，中國利用外資金額仍然名列世界前茅。

　　人民幣國際化的長足進步增強了外商投資中國的信心，也便利了RFDI。特別是與人民幣國際化相伴而行的人民幣升值預期，更是在鼓勵和引導外資在中國產業轉型升級中扮演積極的角色，發揮了正能量。利用外資出現了兩個新的特點：一是綠色投資比例提高。與以前主要投資於製造業、房地產業相比，投資於金融、軟體、醫療、保健、健康養老設施的外資企業明顯增加。二是高技術含量和高附加值投資比例增加。中國大力普及資訊技術的運用，降低網路費用，宣導「互聯網＋」技術改造傳統行業，而且鼓勵大眾創業、萬眾創新，各級政府都採取措施鼓勵研發投資，著力提高技術水準和技術吸收能力，實際上提高了外資進入中國市場的技術門檻，有利於改善外商投資結構，有利於引進高技術、資本密集型企業。

　　自從2005年人民幣匯率形成機制改革以來，儘管中間有時出現短期的貶值，但是人民幣一直處於穩步升值狀態。在2015年8月11日完成人民幣匯率市場化的改革後，雖然人民幣對美元出現了較大幅度的貶值，然而，根據中國外匯交易中心發佈的CFETS人民幣匯率指數，綜合計算人民幣對一籃子外幣加權

平均匯率的變動，人民幣仍然保持了小幅的升值。實際上，與人民幣國際化進程相伴而行的人民幣升值趨勢明顯地影響了FDI的產業選擇。近十年來人民幣穩步升值，以人民幣表示的國產原材料和工資水準的國際比較價格大幅上升，對依託中國資源的資源消耗型跨國公司造成了不利影響。隨著中國勞動力平均工資的快速上升，中國勞動力廉價的優勢逐漸減弱，低技術、勞動密集型行業競爭加劇，企業的生存空間狹窄，迫使外資調整投資戰略，轉向更高技術含量的產品和行業。人民幣升值的FDI產業轉移效應和技術溢出效應，對我國的產業及產品的升級換代具有帶動作用。

8.4.2 人民幣國際化可推動國際產能合作

中國本身是一個發展中國家，中國的實用技術和管理經驗在許多發展中國家具有相對優勢，而且相較於西方發達國家而言，更容易被發展中國家吸收和學習，更符合它們的現實需求，因此，利用中國的資金，不僅有助於這些國家擴大資本形成規模，提高本國的經濟增長速度，擴大就業，改善民生，還有利於這些國家獲得更好的示範效應和技術溢出效應。中國實體經濟的整體技術水準與生產能力，又符合國際上絕大多數發展中國家的需要，因此我國資本以我國實體產業的生產能力作為載體參與國際合作，是一項互惠互利、合作多贏的國際化事業。實際上，中國的高鐵技術、通信技術、航太技術、核能技術、家電技術、基礎設施技術在全球處於領先地位，無論發達國家還是發展中國家都可以從中受益。因此，自從中國放鬆對企業的對外投資限制，鼓勵企業「走出去」以來，中國已經在全球180多個國家進行了投資，2014年中國對外投資首次超過利用外資的規模，開始成為淨資本流出國，躋身於全球最重要的對外投資大國行列。

人民幣加入SDR，鞏固了人民幣國際化進程，擴大了國際社會對人民幣的需求，使得以人民幣計價的投資更容易被接受，這就為中資企業對外投資提供了便利性和收益穩定性，改善了跨境投資環境，「走出去」進行國際產能合作必然更加活躍。尤其是那些過去受到外匯約束、匯率風險管理能力較弱的民營

企業可以從中受益，它們可以方便、快捷地直接使用人民幣進行對外投資，雙方都不需要再去兌換協力廠商貨幣，既節省了匯兌支付成本，又規避了匯率風險。它們還可以更多地通過離岸人民幣市場解決跨國經營中遇到的融資困難，這就大大提高了它們參與國際產能合作的積極性，有利於改變中國對外投資主要依靠國有企業的局面，全方位、多主體地推動中國資本以實體產業為載體進行的國際合作。

2015年，中國與「一帶一路」沿線國家的雙邊貿易總額達9 955億美元，占全國貿易總額的25.1%；中國企業在沿線國家的直接投資達148.2億美元，同比增長18.2%，遠高於中國與其他地區國家的貿易與投資水準。正如我們在《人民幣國際化報告（2015）》中曾經提出的觀點，大宗商品貿易、基礎設施融資、產業園區建設和跨境電子商務可以成為人民幣國際化在一帶一路建設中的突破口。在中國對外投資和國際產能合作方面，經貿合作區和產業園區正在發揮重要的作用。迄今為止，中國與沿線國家合作，共同建設了50多個境外經貿合作區，其中中白工業園、泰中羅勇工業園、中印尼綜合產業園區建設成效顯著，開始成為推動我國企業以集團軍作戰方式「走出去」、開展國際產能和裝備製造合作的重要載體。此外，達成中韓自貿協議，順利完成中國—東盟自貿區的升級談判，中泰高鐵項目開工，土耳其東西高鐵、緬甸皎漂經濟特區等重點專案得到務實推進，更是有利於中國資本與產能的國際合作邁上更高的新臺階。

歐元區的發展歷程表明，選擇區域經濟中經貿關係密切的貨幣作為關鍵貨幣，有利於維護長期的穩定供求關係，規避匯率風險，加速經濟一體化進程。因此，在「一帶一路」建設中推進人民幣國際化，能夠推動「一帶一路」沿線國家的經濟一體化，為中國的產業轉移和國際產能合作增添新的動力。

8.4.3 人民幣國際化可穩定大宗商品物資供應

人民幣國際化就是要在貿易結算、金融交易和官方儲備中發揮人民幣的國際貨幣功能，其中，大宗商品人民幣計價結算是人民幣國際化的突破口。目

前，黃金、鐵礦石已經開始了交易所人民幣計價結算。

自布列敦森林體系建立以來，美元一直充當大宗商品的計價結算貨幣。當美元和黃金脫鉤後，美元流動性處於不斷膨脹的態勢，特別是「9‧11」事件後，美國一直實行寬鬆的貨幣政策，導致美元氾濫，結果大宗商品的價格決定脫離了實際的市場供求關係，很大程度上取決於流動性變化和投機行為，無論是大宗商品的生產國還是消費國，在大宗商品定價時鮮有發言權。作為多種大宗商品的最大進口國和最大消費國，中國經常面臨「一買就漲，一賣就跌」的尷尬處境，給中國經濟的穩健發展造成很大威脅，給中國經濟「由大到強」的轉型設置了人為障礙。而發展中的資源國家受制於綜合國力，更沒有實力在國際大宗商品市場上與發達國家抗衡，以掌握自己的命運。鑒於中國正在發展成為一個以消費為主要經濟推動力的國家，對一些大宗商品的需求量不斷上升，例如我國目前已經成為黃金、原油的最大交易國和消費國，而且中國超過70%的大宗商品進口來自「一帶一路」沿線國家，加強中國與沿線國家的大宗商品生產合作，使用人民幣計價結算無疑是一種雙贏策略。

能否以人民幣作為大宗商品的定價貨幣，大宗商品的價格能否由真實需求來決定，很大程度上依賴於大宗商品未來價格波動風險能否通過人民幣衍生產品得到有效的控制。通過整合「一帶一路」沿線國家對大宗商品的需求，將單一的中國需求與區域性需求相結合，我國通過與沿線國家的自由貿易、控制交通運輸、參股大宗商品生產、提供金融服務等方式，增強「一帶一路」沿線國家在大宗商品市場和消費中相關大宗商品的定價權。以原油為例，中國、中東、中亞、俄羅斯等國家與地區可多方聯手，推動區域內原油貿易以人民幣計價、結算，促使上海國際能源中心推出的原油期貨價格成為繼西德克薩斯原油（WTI）、布倫特原油、杜拜原油之外的又一原油基準價格，進而提升包括中國在內的這些國家對原油的定價權。事實上，大宗商品價格高低並不是核心問題，這些商品價格與真實需求相關且可承受、資源可控制、能實現價值增值，並在資源輸出國與消費國之間相對公平合理地分配價值增值，才是大宗商品的人民幣計價權的目的所在。

總之，在我國推動科技進步、優化資源配置並多方提升有效供給的今天，穩步推進人民幣國際化進程，必將有利於中國在國內國際兩個市場上優化配置資源，加速國際產能合作的步伐，在中國的產業升級轉型中發揮積極的作用，成為供給側改革的有力推手。值得注意的是，實施供給側改革，完成「去產能、去庫存、去槓桿、降成本」等任務，在短期內必然造成經濟增長下滑、銀行不良貸款率提高、政府財政赤字增加、失業壓力加大甚至社會不穩定等風險，這些風險如不能及時化解，很可能衝擊整個金融系統，惡化實體經濟發展的金融環境，形成系統性金融風險。因此，構建科學的宏觀審慎政策框架，對供給側改革過程中可能引發系統性風險的各個環節、各條管道、各類風險進行事前監控與評估，有的放矢地制定預案，定向化解風險，對於確保供給側改革成功、夯實人民幣國際化的經濟基礎，是十分必要的戰略舉措。

第九章

系統性風險防範與宏觀審慎政策框架

9.1 構建宏觀審慎政策框架的必要性

2015年12月，人民幣加入SDR標誌著人民幣在更大程度上獲得了國際社會的認可，是人民幣國際化進程當中具有里程碑意義的重要事件。以此為契機，匯率市場化、資本帳戶開放等必將加速推進，並進一步倒逼中國金融體系更大程度的開放。

在此過程中，金融體系的開放首先帶來的是資本在全球範圍內的大規模流動，這將對中國的匯率和利率造成衝擊。國際資本流入在一定程度上對宏觀經濟發展起到了積極的推動作用。但是，如果流入大量短期資本也會導致總外債中短期外債比例過高，使得國內貨幣和資產偏離正常價格，從而產生投資過度、信貸過度的傾向，增加金融體系的風險。另一方面，如果短期資本大幅流出，則會產生對本國資產的拋售，從而使本國資產價格下跌，進而引發金融恐慌，導致更大規模資本的流出，當流出資本超出本國外匯儲備時，央行可能宣佈本國貨幣對外國貨幣的貶值，從而引發更大的恐慌，形成惡性循環。另外，人民幣的匯率風險也會隨著金融體系的更加開放而加大。這是由於更加密切的國內外資本與國內外資產投資的雙向互動，會通過資本流動、投資結構等因素

導致利率、匯率機制都變得更為複雜而且不易調控。一個典型的例子是日圓，在國際化過程中，日本政府試圖依靠本幣升值推進其國際地位。然而，在實體經濟支撐不足的情況下，日圓的價值尺度職能逐漸喪失，並且在美元的阻擊下出現劇烈的價值波動。此外，雖然目前中國的整體外債水準可控，但是外債償付問題也是金融系統更加開放後的潛在風險來源之一。貨幣可兌換後，過去我國實行的前置審批制度對外債規模的控制將不再可行，一旦匯率發生較大幅度的波動，則可能出現外債償付的問題。當一國外債比例過高時，償付能力的下降將導致信用評級下降，使得一國的再融資能力下降，並且加劇金融信心的危機，從而進入惡性循環。

總而言之，伴隨中國金融體系更加開放而來的匯率風險、外部衝擊，與國內金融市場風險、實體經濟風險等相互交織、彼此傳染，使系統性風險發生的可能性大幅提升。2015年下半年以來股市、匯市大幅波動，儘管最終並未誘發系統性風險，但是由單個市場或者局部風險引起的連鎖衝擊而導致的系統性風險發生的概率不斷提升。

近年來，我國不斷加強系統性風險的識別與防範，積極參與全球宏觀審慎監管改革，在國內監管實踐當中推出多種宏觀審慎政策工具並強化與宏觀經濟政策的協調，在很大程度上起到了防範系統性風險累積的作用。但是，由於在體制機制層面並未能真正構建起符合中國實際的宏觀審慎政策框架，加之中國處於「三期」疊加、經濟下行的特殊時期，爆發系統性風險的隱患依然存在。因此，在人民幣加入SDR後的重要戰略視窗期，加快推動宏觀審慎監管改革具有重要的現實意義。

事實上，「宏觀審慎」（macroprudential）不是新詞也非新問題，早在1979年便由國際清算銀行提出。此後的近30年間，宏觀審慎監管作為「與宏觀經濟相關的系統性監管導向」，除了「散落」在國際清算銀行以及國際貨幣基金組織等國際機構的報告當中之外，其他地方鮮有提及。直到1997年，亞洲金融危機才開始迫使理論和實務界真正認識到宏觀審慎監管的重要性，並在本次國際金融危機中得到進一步的強化和提升。

宏觀審慎監管以抑制系統性風險、保障金融穩定，並降低金融危機可能產生的巨大經濟成本為主要目標。狹義的宏觀審慎監管僅限於被賦予系統性視角的審慎監管政策組合，重點在於時間維度（或稱「縱向」維度）與跨部門維度（或稱「橫向」維度）兩方面的監管工具設計。而廣義的概念則包括系統性風險的分析、識別及監測，政策工具與實施傳導以及治理結構與制度基礎等方面，是一個涵蓋宏觀審慎監管所有環節的系列組合，也就是國際上通稱的宏觀審慎政策框架（Macroprudential Policy）（見圖9—1）。

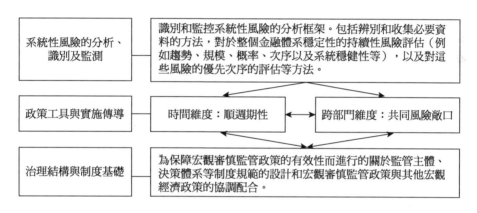

圖9—1　宏觀審慎政策框架

9.2　系統性風險的識別與評估

9.2.1　定義與辨析

傳統的關於系統性風險的研究將其定義為傳播風險，即外部衝擊不僅限於對經濟的直接影響，而是通過在金融體系和實體經濟間不斷擴散，最終引發危機並對實體經濟造成破壞。該觀點主要強調對個體機構倒閉的防範、風險的外生性，忽略了金融失衡的前期累積過程以及金融機構持有共同風險敞口在危機發生過程中的作用。

事實上，整個金融體系具有遭受外部因素的衝擊以及內部因素的相互牽連

而發生劇烈波動、危機的可能性，一旦遭受系統性風險的衝擊，任何單一金融機構都將不可避免地受到波及。本次國際金融危機以來，內生於金融體系中的共同風險敞口與隨時間積累的金融失衡而非風險傳播本身，被認為是誘發危機的關鍵因素。與傳統定義不同，關於系統性風險的解釋開始更多強調金融失衡的嚴重性、金融體系的順週期性和關聯性以及風險的內生性，等等。

按照國際貨幣基金組織、國際清算銀行和金融穩定理事會的最新定義，系統性風險是由整個或者部分金融體系失靈（並可能對實體經濟產生嚴重的負面影響）而導致的金融服務（包括信用仲介、風險管理和支付體系等）中斷的風險。然而，該定義在對於時間和國別環境的依賴程度、金融體系的行為及其與實體經濟的回饋效應、對於政策干預的敏感性等方面表述不清，未能準確表達系統性風險的本質。

此外，更多的研究從時間和空間兩個維度來具體刻畫系統性風險。其中，跨部門維度主要考慮在特定時間點上系統性風險在金融體系中的分佈狀況，包括金融機構持有的共同風險敞口，個體或一組金融機構對系統性風險的貢獻度等。在現代金融體系下，金融機構直接持有相同或相似的資產，或者間接與其他機構相互聯繫的風險敞口（如交易對手等）以及傾向於採用相同的價值評估和風險度量手段等等，使金融機構間的關聯度、同質性和集中度等問題日趨嚴重。在這種情況下，風險更容易在金融體系內部「滋生」，並通過由相同的風險敞口編織而成的「風險網路」迅速傳播。時間維度（或稱「縱向維度」）主要關注系統性風險如何隨時間變化的問題——系統性風險如何通過金融體系以及金融體系與實體經濟的相互關聯不斷放大經濟週期的波動，從而導致金融危機，亦即金融體系的「順週期性」問題。在經濟的上行期，由於金融機構的風險意識減弱、融資限制減少，金融機構傾向於持有更多的風險敞口，導致金融機構的槓桿率高企、市場流動性氾濫和資產價格飛漲。在此過程中，如果金融機構並沒有積累足夠的緩衝，便會導致系統性風險不斷累積，金融失衡愈演愈烈，從而埋下金融危機的種子。一旦經濟走勢逆轉，經濟由上行期轉入下行期，金融失衡的釋放將導致大規模金融動盪的出現，而且隨之而來的去槓桿

化、信貸供給等金融服務的大幅減少，會進一步強化這種趨勢。

　　此外，從時間維度與跨部門維度的相互關係來看，兩者並不孤立。金融機構持有的共同風險敞口，一來加強了金融機構之間的關聯度，二來使金融機構的一致性行動成為可能，系統性風險更容易通過不同市場主體的連鎖反應而加大經濟的週期波動。

9.2.2　基於金融系統與實體經濟互動視角的成因分析

1. 金融系統與實體經濟互動的理論解釋

　　在現代經濟中，金融系統是國民經濟中的一個重要部門，其作為服務業的一部分對實際經濟產出有著直接的貢獻，所提供的服務能夠幫助家庭和企業融資以及分擔風險，並且起到更合理地配置稀缺資源的作用。可以說，一個現代化國民經濟體系的建立，需要一個現代化的金融系統作為支撐。

　　美國經濟學家默頓認為，金融體系的首要功能是在存在不確定性的環境下，促進稀缺經濟要素的有效配置。這一資源的配置體現在跨經濟主體、跨地域和跨時期合理、高效地利用稀缺資源，以獲得更大的生產效率和回報。依託這一功能，企業可以通過金融機構進行融資，從事需要大量資金投入的研發活動，從而推動經濟發展；在市場前景看好的情況下，也可以較快地擴大生產規模，實現快速增長。家庭則可以通過住房貸款等方式更好地平滑跨期消費，實現福利的提高。圍繞著資源配置這一首要功能，默頓進一步總結出了金融系統得以影響實體經濟的六大核心功能。第一，金融系統為商品和服務的交易提供了一個支付結算體系。金融系統從誕生的那一天起就讓人類擺脫了以物易物這一效率低下的交易方式，從而大大地提高了交易效率、降低了交易成本。近年來，隨著互聯網產業的發展，以網路支付為代表的新型結算方式使得交易效率進一步提高，在交易安全性上也有了長足的進步。第二，金融系統可以通過集中小額資金，為需要大量資本的工程融資。這一功能體現了跨經濟主體的資源配置，其中最典型的例子就是銀行的吸儲放貸過程。很難想像在沒有金融行業的情況下，眾多現代的大型工程、需要耗費大量資金的研發工程等等將如何實

現。第三，金融系統還可以實現跨期和跨地區的資源配置。有研究表明，當區域金融實力較高時，會更容易吸引外商直接投資，並且有助於當地經濟增長。這一結果表明，金融系統可以通過跨地區的資源配置提高生產效率，促進經濟發展。第四，金融系統提供了一個管理、控制風險的平臺。這一功能主要體現在兩個方面：一方面，金融系統本身可以提供進行風險對沖的交易工具將風險分散，如保險、期貨、期權等；另一方面，金融系統通過優化實體經濟的資源配置，可以降低整個經濟的風險。第五，金融系統提供了分散決策的市場經濟中的價格信號。價格是市場經濟的靈魂，良好的金融系統能夠準確、快速地通過價格信號來反映市場供求關係，從而幫助經濟主體做出決策。第六，良好的金融體系能夠緩解不對稱資訊等阻礙交易順利完成的問題的產生。

　　林毅夫將金融系統的功能總結為三類：動員資金、配置資金和分散風險。並且指出最重要的功能是金融系統的資金配置功能。原因在於，高效率的資金配置會提高生產效率，同時也會激勵儲蓄並且降低整體經濟風險。因此，評價一個金融體系的效率主要看它的資金配置效率。從理論上講，完善的金融體系可以通過幫助企業解決道德風險、逆向選擇等阻礙資本流動的問題，降低企業的外部融資成本，從而將資源配置到最有競爭力和創新能力的行業和企業，以此來提高經濟發展的速度與品質。當前中國經濟面臨的最緊迫的任務是：從傳統的高耗能、高汙染的發展模式向以「互聯網＋」和「大眾創業、萬眾創新」為代表的新的發展模式的轉變。改善資本配置效率是實現經濟轉型的重要支撐，高效的金融體系對創新創業型經濟的發展的重要性體現在兩個方面。一方面，可以幫助企業在初創時期獲得必要的外部融資；另一方面，良好的金融系統能夠甄別出真正具有發展前景的企業。

　　不難看出，金融系統和實體經濟有著相互影響、螺旋式交叉促進的關係。金融系統通過優化資源配置、分散風險等功能為實體經濟服務，金融服務本身就構成了實際經濟產出的一部分，同時實體經濟的增長也增加了對金融服務的需求，促進了金融部門的發展。隨著中國從製造業強國向創新型國家的轉變，企業對技術研發的投入也需要大規模增加。一般而言，技術研發需要投入的成

本大，研發風險高。金融部門既可以為企業研發融資，也可以將研發風險分散出去。因此，隨著實體經濟的增長，其對金融服務的需求也越來越高，從而促進了金融行業的發展。另一方面，隨著中國經濟開放度的提高，企業和投資者更多地參與國際經濟金融活動，隨之而來的是對金融服務需求的進一步增加。

2. 金融風險與實體經濟波動的傳染機制

（1）金融衝擊對實體經濟的影響及其傳染機制:以次貸危機為例。

從反映經濟總體情況的幾個主要變數來看，金融衝擊會降低產出、資本和消費的均值，同時也擴大了產出、消費、投資和勞動時間的波動率。即金融危機對實體經濟的衝擊同時影響到了主要經濟變數的一階矩和二階矩，具體表現為經濟的衰退和經濟不確定性的增加。

由於中國經濟並未遭受過源自經濟體內部的金融危機，我們以美國2007—2009年發生的次貸危機為例，來考察金融衝擊如何在實體經濟中蔓延。如圖9—2所示，金融危機到來之後，最先產生異動的變數是GDP和私人投資，其中私人投資下降的主要原因是房地產投資的下降。商業投資、消費和總勞動時間直到2008年第三季度才開始了明顯的下降，相較於私人投資有半年的滯後。然而，相較於最低谷的2009年第二季度，經濟變數在金融危機初期的下跌幅度並不大。隨著2008年9月雷曼兄弟的破產，GDP、私人投資、商業投資、勞動時間和消費開始迅速地大幅下滑。在最低谷時期，GDP相對於2007年第四季度下滑了5.6%，勞動投入下滑了超過8%，私人投資和商業投資更是分別有超過20%和25%的巨幅下降。與以往的經濟危機的另外一個區別是，各主要經濟變數不僅下滑幅度大，而且在低谷持續了相當長的一段時間才得以緩慢恢復。相應地，全要素生產率的測算指標也有著超過3%的下降，但相較於其他主要經濟變數，生產率的恢復較快。

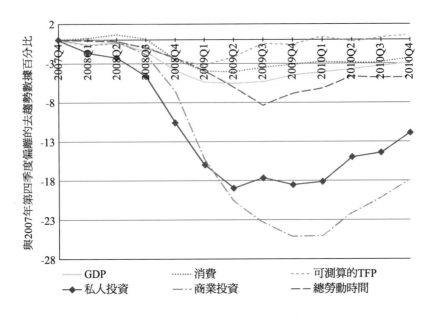

圖9—2　美國主要經濟變數相對於2007年第四季度的變化

資料來源：Khan and Thomas（2013）.

　　下面，我們分別從家庭和廠商這兩個經濟中的微觀主體的角度出發，闡述金融衝擊是如何影響實體經濟的。

　　由金融危機引起的信貸恐慌通常表現為借貸困難以及利差加大。從家庭決策角度來看，信貸恐慌從兩個管道影響著家庭這個最基本的經濟主體。首先，由於信貸約束的收緊，債務水準較高的家庭不得不減少借貸，降低債務水準。這在一定程度上減少了經濟總體的信貸需求。其次，沒有受到信貸約束的家庭通常會採取增加儲蓄等預防性措施，來防範未來可能的金融風險的加劇。這將會增大經濟的信貸供給。因此，由於信貸需求的減少以及信貸供給的增加，均衡狀態下的利率會降低，即當信貸恐慌發生時，信貸供求關係的變化會導致均衡利率的降低。有研究進一步發現，當一個經濟體遭受信貸恐慌的衝擊後，利率首先會深度下探，隨後緩慢恢復到一個比金融衝擊之前低的穩態水準。這一利率超調現象的原因歸結為，在金融衝擊到來之前就維持著較高債務水準的家

庭，為了適應新的信貸約束條件，不得不迅速地調節信貸水準，從而使得金融衝擊初期的信貸需求快速下降，導致利率深度下探。當經濟主體的分佈緩慢地向新的穩態水準收斂時，信貸需求缺口造成的壓力減小，利率則開始緩慢地恢復到新的穩態水準。通常而言，當遭受金融衝擊時，負債較高的家庭為了不得不降低槓桿率，不得不通過減少消費和增加勞動供給兩種方式調節債務水準。當經濟中存在名義價格剛性時，總產出主要由消費需求決定，從而使得金融衝擊帶來了產出的下降。更不利的情況是，當名義利率接近於零，或者在開放經濟條件下，央行為了穩定匯率、防止資本外流等目的而無法進一步降低名義利率時，金融衝擊造成的產出下降將會更為嚴重。進一步地，在理論上，當考慮房地產這一具備一定投資功能的耐用消費品時，信貸恐慌的衝擊一方面強制淨負債的家庭降低槓桿率，減少對住房的消費；另一方面，預防性措施使得另一部分家庭增加對住房等耐用消費品的投資。因此，經濟學理論無法回答房地產投資在金融衝擊下會呈現出何種反應。然而，以美國2007年的金融危機為例，大量的實證研究表明，房地產市場的崩潰與信貸恐慌的關係非常緊密，是產出、消費以及就業下滑的重要因素。目前看來，我國家庭整體債務水準雖然並未偏高，但是依然要警惕尚未被納入監管體系的新型金融工具的過快擴張，以及其導致的我國家庭槓桿率的快速提高。

經濟中另外一個重要的微觀主體是廠商，下面我們從廠商的角度探討金融衝擊在實體經濟中的傳播。在實際經濟運行中，廠商往往不能完全按照自己的意願進行投資、生產和研發等活動，而是要面對諸如信貸約束、周轉資金約束和庫存約束的制約。一個運行良好的金融系統可以幫助企業削弱這些制約帶來的不利影響，使得資本能夠得到良好的利用，提高整個經濟的生產效率；相反，發展中國家往往不具備完善的金融系統，資源錯配的情況也就更加常見，經濟體的生產效率也就偏低。當一個經濟體遭受金融衝擊時，隨之而來的往往是信貸約束的收緊。這一信貸約束的收緊帶來的最直接影響就是企業周轉資金不足，從而使企業不得不通過裁員等措施來維持運營。更為嚴重的是，信貸約束的收緊使得一部分原本可以按照最優方式進行投資的企業受到了這一約束的

影響，而只能選擇次優的投資方案。這一次優投資方案的選擇導致了資本配置效率降低，經濟體的生產率下降。對於年輕或者創業型企業而言，信貸約束收緊的打擊往往更大。這是因為雖然這一類企業的個體生產率通常較高，但是往往自有資本積累不足，更加依賴於外部融資。相反，大型企業由於自有資本充足，即使在信貸約束收緊的情況下也不受制於該約束，反而能夠利用較低的利率和相對更安全的資產進一步擴大企業規模。有研究表明，2007年底開始的美國次貸危機使得小企業勞動投入的降低是大企業的兩倍。由於大企業相較於小企業而言往往活力不足、生產率低下，資本由小企業向大企業的錯配使得經濟的整體生產率下滑。在開放經濟中，遭受金融衝擊的經濟體對外商直接投資的吸引力會降低，其引進新技術的可能性也會隨之減小。在我國，需要特別注意的是房地產企業的槓桿率和債務水準。在當前去產能、去庫存、去槓桿的大背景下，要警惕房地產企業利用政策優勢盲目擴張，反而提高其槓桿率的可能。

金融衝擊帶來的另一個後果是經濟不確定性的增加，即投資的未來收益變得更加模糊不定、風險加大。不確定性增加的一個直接影響是投資意願的降低。投資意願的降低一方面表現為使用原有技術水準的投資規模的下降，另一方面則表現為技術研發投入的大量減少。這些後果將會使得短期的金融衝擊給經濟體帶來中長期的負面影響。在開放經濟中，不確定性的增加還可能表現為資本的外流。資本外流則可能使匯率下跌，而匯率下跌會導致資本進一步外流。兩者相互影響、相互加強則可能使得一國經濟陷入衰退。

總而言之，金融衝擊會使得企業更多地受到信貸約束、周轉資金約束、庫存約束等經濟金融摩擦的制約，迫使企業進行裁員、降低投資、減少研發等活動。在考慮到企業異質性的情況下，金融衝擊對小型和創業型企業的影響比較大，對大型企業的影響比較小，從而加劇了資本錯配，降低了經濟整體的生產率。

（2）歷次金融危機的成因邏輯。

美國著名經濟學家、普林斯頓大學經濟學教授艾倫·布林德曾總結出了七大引起金融危機的主要因素。在此基礎上，我們將這些因素進一步歸結為五大

類，並且將日本金融危機的類似誘因加以比較討論。

　　第一，資產泡沫。資產泡沫體現在兩個方面，即房地產泡沫和由房價持續上漲推動的以住房抵押貸款債券為代表的債券泡沫。根據美國經濟學家卡爾·凱斯（Karl Case）和羅伯特·席勒（Robert Shiller）開發的凱斯席勒房屋價格指數，美國在1997—2006年之間真實房價上升了85%，這一漲幅遠遠超出了有資料統計以來美國房價的平均上漲幅度。與此類似的是，日本房地產價格在20世紀80年代中後期也經歷了一段驚人的暴漲時期。在兩國房地產市場的繁榮時期，由於房地產價格的持續上漲，即使是還款能力較低的住房抵押貸款的持有者，也可以很容易地通過再融資獲得新的抵押貸款，還掉舊的利率較高的抵押貸款。因此，在這一時期，住房抵押貸款的違約事件非常罕見。較低的違約率使得住房抵押貸款債券的風險溢價達到了一個非常低的水準。事實上，不僅僅是住房抵押貸款債券，整體經濟的繁榮表像使得各種債券的風險溢價均較低。較長的市場繁榮甚至是泡沫時期的低違約率向投資者傳遞了一個錯誤信號，即債券的違約率可以長期維持在一個較低的水準，從而滋生了債券泡沫。然而，這樣超低的風險溢價註定是不可持續的，因而也預示著債券泡沫終究會逐步走向破滅。

　　回顧歷史，我們發現美國和日本兩國的房地產泡沫和債券泡沫有著共同的誘因——過度寬鬆的貨幣政策。為了應對2001年美國經濟的小規模衰退，美聯儲將聯邦基準利率降低到了1%這一水準。與之類似的是，為了應對1985年《廣場協議》後帶來的日本出口疲軟，日本央行在1987年將法定利率降到了2.5%這一歷史最低水準。超低的利率使得大量資金湧入了利率較高且違約率非常低的抵押貸款證券，甚至直接投資於不動產市場。大量資金的湧入推動了房地產價格的上漲，從而催生了房地產泡沫和債券泡沫。

　　第二，過度的槓桿。美國金融體系在危機之前的脆弱性主要體現在過高的槓桿率上。隨著住房按揭貸款首付比例的降低，甚至零首付的出現，美國家庭的槓桿率大幅上升。另外，由於對商業銀行表外資產監管的缺失，使得美國銀行業普遍運用結構性投資工具進行表外資產交易。這些結構性投資工具往往

有著巨大的槓桿率，從而使得銀行能夠繞開國家金融部門的監管進行高槓桿投資。更嚴重的是，對高收益有著更高追求的投資銀行往往以極高的槓桿率進行交易。以當時的華爾街五大投資銀行為例，其平均槓桿率高達30：1，甚至40：1。可以說，在金融危機之前，從美國家庭到商業銀行，再到投資銀行，都在高槓桿投資這條鋼絲繩上翩翩起舞，稍有不慎便會血本無歸。

第三，金融體系不合理的激勵機制。這一不合理的激勵機制主要體現在兩個方面：一個是金融行業從業者的薪酬體制，另一個是評級機構的激勵體系。首先，金融系統的薪酬體制是一個鼓勵冒險的體制。具體來說，金融交易往往伴隨著較大的風險，但是一旦投資成功，能夠獲得的收益也極為豐厚。對於交易員來說，進行的某項投資如果能夠成功，他將收穫極高的報酬，若投資失敗，損失將由投資者承擔。這樣的激勵機制難以避免地會鼓勵金融從業者進行風險較大的交易，從而使得整個金融體系暴露在較大的風險之中。在這次金融危機中，這一激勵機制帶來的最主要問題就是對住房抵押貸款資格的放鬆，即次級貸款的出現。以次級抵押貸款為基礎的金融衍生品的最終崩盤成為本次金融危機的導火索。另一方面，由於評級機構產品的付費人也是其評估標的的發行者，使得評級機構對金融產品的評估往往會出現一定的偏差。而投資者由於缺乏資訊導致對評級機構的過度依賴，使得投資者不能夠對風險進行準確的判斷。另外，評級機構在評估某一金融產品的風險時，往往只關注產品本身，而忽略了宏觀的系統性風險。然而，當系統性風險爆發時，單一金融產品的微觀風險往往顯得微不足道。

第四，高度複雜化的金融衍生品。伴隨著資本的大量湧入，隨之而來的是快速的金融創新。高度複雜化的金融衍生品使得原本就處於資訊劣勢的投資者更加難以準確判斷所投資標的的風險，從而加劇了投資的盲目性。

第五，過於寬鬆的金融監管與肆意擴張的影子銀行系統。在金融危機爆發前的很長一段時間裡，美國的金融監管部門大都信奉自由主義，因而或多或少有著放鬆對金融行業監管的思想。監管者放鬆監管的一大表現在於對次級抵押貸款的過度放縱，導致次貸規模的極速擴張，成為美國金融體系的一顆定時炸

彈。寬鬆的監管還體現在美國國際集團的案例中。美國國際集團是當時全球最大的保險公司，其利用自身非常優秀的信用評級成為了信用違約互換這類衍生品市場最主要的賣方。然而，早在2000年，《商業期貨現代化法案》就明確禁止了對衍生產品實施監管。在缺乏監管的條件下衍生品瘋狂擴張，使得美國國際集團到2007年積累了5 000億美元的信用風險頭寸。最終，隨著金融危機的爆發，美聯儲不得不花費數百億美元將之國有化，從而使其免於破產。另外，由於瘋狂生長的影子銀行系統游離在當時的監管體系之外並且規模遠大於傳統的銀行系統，使得金融行業的很大一部分事實上不受任何監管部門的監督。據估計，在2005年這一影子銀行系統持有的次級抵押貸款占總額的80%之多。日本在20世紀80年代後期的金融系統雖然沒有美國在21世紀初的金融系統那樣複雜，但在當時也出現了大量規模不小的非傳統銀行類金融機構。其中的典型代表就是以提供住宅按揭為目的的「住宅金融專門會社」（簡稱「住專」）。與美國率先受到衝擊的房地美和房利美兩大機構類似，在日本，「住專」的破產通常被認為是日本金融危機爆發的第一波。從美國和日本的經驗教訓來看，防止金融風險累積甚至金融危機爆發的一個重要條件是，對金融行業特別是影子銀行的投機主義行為完善的監管體系。

專欄9—1

金融危機的起源與擴散——以美國和日本為例

2008年9月15日，當時的美國第四大投資銀行雷曼兄弟宣佈破產，將大蕭條以來最嚴重的一次金融危機一步步推向高潮，繼而引發了長達數年的經濟衰退。這一金融危機的影響很快擴散到實體經濟，在雷曼兄弟破產後的第一個季度，美國實際GDP以3.7%的年均速度下跌，在2008

年第四季度，這一跌幅擴大到了年均8.9%，緊接著在2009年第一季度，GDP的跌幅仍然高達5.3%。可以說，這一輪由系統性金融風險爆發而引發的經濟衰退對美國乃至世界經濟都有著巨大而深遠的影響。在這一專欄中，我們將回顧2008年美國金融危機的起源與其在金融系統中的擴散並與20世紀90年代日本的經濟危機進行對比。

美國和日本的兩次金融危機都起源於房地產泡沫的破滅。在美國，房地產價格在2006年初期達到了歷史頂峰，隨後房價經歷了一段較為緩慢的小幅下跌，繼而在2007年開始了快速地大幅下跌。隨著房價下跌，次級抵押貸款的持有人無法通過再融資進行還款，因而只能選擇違約。違約的增多進一步壓低了房地產價格，從而使得更多的房屋抵押貸款的持有人不得不選擇違約，進而產生了房價下降—違約增加—房價進一步下降—更多的違約產生這樣一個惡性循環。這一惡性循環帶來的不僅僅是房地產泡沫的破滅，更重要的是，它通過以其為基礎的大量金融產品、衍生品而影響到了槓桿率極高的整個金融體系。最先受到影響的是大量持有以住房抵押貸款為基礎的擔保債務憑證（Collateralized Debt Obligation, CDO）的投資銀行和房地美、房利美兩大抵押貸款融資巨頭。2008年3月，由於對房屋抵押貸款證券化業務的過度依賴以及房地產泡沫的加速破滅，華爾街第五大投資銀行貝爾斯登首先遭遇了流動性問題。緊接著，由於市場信心的喪失，這一問題演化成了更嚴重的資不抵債問題，從而使這家著名的公司瀕臨破產的邊緣。最終，美聯儲不得不以吸收290億美元損失的代價促成了摩根大通銀行對貝爾斯通的收購，暫緩了系統性金融風險的大爆發。

然而好景不長，由於房地產市場的崩潰趨勢沒有停止，深陷住房抵押貸款及其證券化業務的房利美、房利美和華爾街其他投資銀行相繼遭遇嚴重衝擊，紛紛走向破產或者破產的邊緣。這些公司後來要麼被國有化，要麼被大型銀行收購，要麼破產。其中最著名的案例是雷曼兄弟在2008年9月的破產，這一事件成為了整個金融危機的分水嶺，成為了系

統性金融風險總爆發的導火索。在各大投行和兩房被住房抵押貸款證券化業務崩盤所折磨的同時，美國國際集團也未能倖免。由於其在「信用違約互換」（一種建立在次級抵押貸款債券之上的金融衍生品）上的巨大投資，當房地產泡沫破滅時，美國國際集團遭受到了嚴重的危機。這一危機最終由美聯儲出資850億美元並獲得其79.9%的股權後才得以平息。此外，由於雷曼兄弟與貨幣市場共同基金有著密切的聯繫，雷曼的破產將金融恐慌延伸到了貨幣基金領域。緊接著，由於持有了大量不良抵押貸款，眾多商業銀行也受到了衝擊。商業銀行受到的衝擊並不僅局限於其所持有的不良抵押貸款或者相關金融衍生品所帶來的損失，更重要的是由於公眾對其信心的喪失，隨之而來的是存款的流失。在國際上，同樣由於持有了大量不良抵押貸款的相關金融產品，英國、法國、德國等國的金融機構也蒙受了巨大直接損失和伴隨而來的金融恐慌帶來的間接損失。這一金融危機爆發的危害也並沒有僅僅停留在金融系統中，而是蔓延到了整個實體經濟。由於金融市場的流動性迅速降低，實體經濟也面臨著融資困難等局面，從而影響了實體部門的正常運作，也導致了失業率激增、經濟增速為負等全面衰退的局面。

在日本，房地產泡沫破滅的誘因被認為是1989年5月日本央行上調法定利率和1990年3月日本大藏省對房地產融資實行的總量管制。隨之而來的是不動產價格的下跌和股票價格的下跌。與美國類似，房地產價格的下跌催生了大量的住房抵押貸款違約，從而使得眾多從事住房貸款業務的「住宅金融專門會社」持有了大量的不良債權，因而不得不面臨倒閉。由於日本沒能及時清理這些不良債權，使得日本經濟陷入了長達20年的衰退。

從美國和日本的經驗來看，對房地產泡沫的放任使得金融體系積累了巨大的風險，而泡沫的破滅也由相關的金融產品牽連到了金融系統中的各個方面，並且最終對實體經濟造成了巨大的打擊。接下來，我們將對造成這些金融危機的因素加以分析。

（3）貨幣政策與金融市場的交互作用及其對宏觀經濟的影響：以股票市場為例。

我們利用同時施加短期和長期約束的結構性向量自回歸模型，將貨幣政策與金融市場（以股票市場為例）的同期關係納入分析，考察貨幣政策與金融市場的交互作用及其對宏觀經濟的影響。與傳統VAR模型不同的是，為了將貨幣政策與股票價格可能存在的同期關係納入模型中，我們放開了傳統SVAR模型中假設股票價格不受當期貨幣政策影響或貨幣政策不受當期股票價格影響的約束，假設股票價格和貨幣政策互相受到當期影響。同時，為了使模型可識別，我們假設貨幣政策衝擊對股票價格沒有長期影響，因為從長期來看，股票價格主要受到上市公司的盈利能力等基本面因素的影響，而貨幣政策的長期中性的性質，使得其無法影響到股票的長期價格。

我們以1997—2015年作為樣本區間，採用月度資料，研究通脹和GDP等主要變數對貨幣政策衝擊和股票價格衝擊的脈衝回應（如圖9—3和圖9—4所示）。可以看到，無論是利率衝擊還是M2供給衝擊，其對股票價格均沒有顯著影響。這在一定程度上說明我國貨幣政策與金融市場之間的傳導管道仍然阻塞，需要進一步推動貨幣政策與金融市場的相關改革。兩種貨幣政策衝擊對通貨膨脹均有顯著作用，但對產出的影響略有差別，M2供給在衝擊後5期開始對產出有顯著的正向作用；而利率效果則相對較晚，在衝擊過後10期開始對產出有顯著的負向作用。可見，兩種貨幣政策工具均是較好的貨幣政策仲介目標。股票價格衝擊對利率和M2供給均有顯著作用，但其對M2供給的作用要晚於利率，反映出我國貨幣政策的制定考慮到了股票市場的狀況，資產價格包含了通貨膨脹的產出資訊，貨幣當局應該對資產價格變動做出反應。除此之外，股票價格衝擊對通脹和產出的作用也都顯著，股價上漲會引發通貨膨脹，同時在短期內刺激產出增長。說明我國股票市場在國民經濟中已經占有比較重要的地位，應該得到政策層面足夠的重視，這也可能是股價衝擊對貨幣政策有顯著影響的原因。

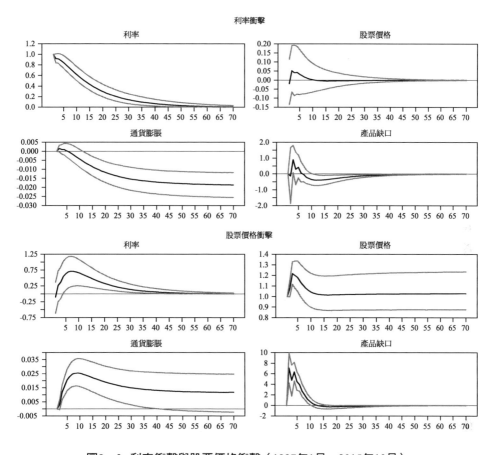

圖9—3 利率衝擊與股票價格衝擊（1997年1月—2015年10月）

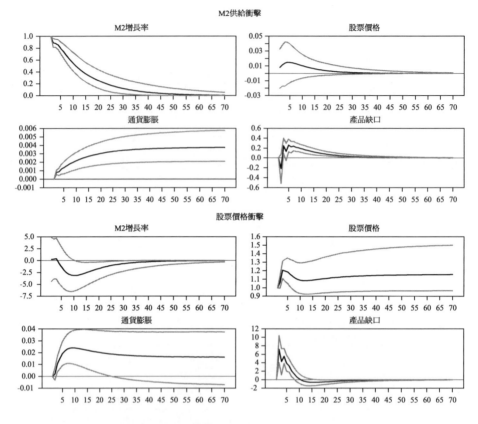

圖9—4 M2供給衝擊與股票價格衝擊（1997年1月—2015年10月）

9.2.3 對中國系統性風險的評估

1. 當前系統性風險評估方法的主要進展

　　早在20世紀末期，國際金融機構和各國監管當局便已經開始致力於系統性風險評估方法的開發。以資本充足性、資本的品質、獲利能力和流動性大小等為度量指標的CAEL和CAMEL體系，在20世紀90年代前就被各國監管當局用來充當個體機構風險的預警工具。國際貨幣基金組織和世界銀行於1999年便開始啟動金融部門評估規劃（FSAP）其他如KLR方法、FR模型以及金融壓力指數

等等，至今仍然被很多國家使用。危機之後，針對系統性風險評估方法的探索得以加強，國際貨幣基金組織、國際清算銀行和金融穩定理事會對這些測量方法進行了總結歸納，具體可分為如下兩大類：

（1）單一指標體系或模型。

第一，經濟失衡的總量指標。大量關於宏觀經濟資料或資產負債表的指標（例如銀行信貸、流動性和期限錯配、匯率風險以及外部不平衡等），被用來評估金融體系或者實體經濟當中風險的積累。例如，信貸與GDP之比作為銀行體系內系統性風險的核心指標，被用來作為逆週期資本緩衝的掛鉤變數，等等。

第二，市場條件指標。這些指標關注能夠引起經濟衰退的金融市場條件。例如，風險偏好指標（利差、風險溢價等）以及市場流動性指標等。

第三，風險集中度指標。這些測量方法與跨部門維度的系統性風險相關，重點關注風險的傳染與放大機制。除了關於規模和集中度的度量之外，它們更關注金融機構與公私部門、金融市場主體之間以及國家間的共同風險敞口和關聯度。例如，網路模型被大量用來測量仲介機構之間的關聯度和潛在傳染性；巴塞爾委員會開發出基於指標的度量方法來識別全球系統重要性銀行。

第四，宏觀壓力測試。與傳統的壓力測試充當度量個體機構彈性的工具不同，宏觀壓力測試被用來對整個金融體系的壓力進行測試。一方面，該方法可以將市場的極端情景（尾部風險）以及網路效應導致的風險放大機制融入市場動態機制當中；另一方面，它還能夠通過包括多輪不良回饋效應在內的方法，更好地評估金融體系與實體經濟的相關性。

（2）綜合指標體系或模型。

與單一指標相比，綜合指標體系或模型能夠更有效地識別和評估系統性風險，包括國際貨幣基金組織開發的全球金融穩定圖（Global Financial Stability Map）、全球風險度量法（Global Risk Appetite Measures）以及系統風險儀錶盤（Systemic Risk Dashboard）等系統性風險評估模型；以及美銀美林推出的全球金融穩定指數（Global Financial Stability Index）、歐洲中央銀行的系統性風險綜合指標（Composite Indicator of Systemic Stress）和惠譽評級的宏觀審

慎指標（Macro Prudential Indicators，MPI），等等。上述方法不僅充分考慮了不同國家的特異性，而且將信貸、槓桿率等評估系統性風險的評估指標囊括其中，為宏觀審慎監管政策的實施提供了有力支撐。

其中，國際貨幣基金組織開發的系統風險儀錶盤，可以在缺乏顯著的單個指標的情況下，根據各國的實際情況，選取一組指標進行監控。該方法明確區分了衝擊的可能性及其潛在影響，以及高頻和低頻的監控工具，而且在每一個維度上，都選擇了一到兩個在早期預警實踐中表現最為穩健和有效的分析工具（如表9—1所示）。歐洲中央銀行則採用七步法對系統性風險進行評估：第一，確定金融脆弱性的來源；第二，將該來源設定為潛在的風險情景；第三，確定導致風險情景發生的衝擊事件；第四，計算上述情景的發生概率；第五，估計金融體系的損失；第六，度量衝擊的強度；第七，進行風險評級。

整體上講，儘管大量系統性評估的方法已經進入實踐領域，但是其有效性有待進一步考察。首先，單純依賴數量性工具無法達到評估系統性風險和指導宏觀審慎監管實踐的目的，這些工具只有在與其他定性工具（市場情報與監督等）相互結合時才能真正發揮效力。其次，系統性風險評估的有效性嚴重依賴於資料的可獲得性和準確性。目前，金融穩定理事會、國際貨幣基金組織、國際清算銀行以及世界

表9—1　國際貨幣基金組織系統風險儀錶盤的指標體系

綜合量度	
低頻	高頻
危機風險模型	系統性或有債權分析（CCA）
衝擊的可能性	
・從資產品質/價格偏離角度	
低頻	高頻
信貸/GDP	金融市場波動性的躍變（如利率、通貨和股票市場）
房價	

・從集中度/關聯度角度	
低頻	高頻
銀行間風險敞口	危機關聯性（JPod，BSI）
核心/非核心負債（總量）	

潛在影響

・通過資產負債表風險敞口	
低頻	高頻
槓桿量度	對於主要系統重要性金融機構（SIFI）的預期違約頻率（Expected Default Frequency，EDF）的度量
宏觀壓力測試	

・通過相互關聯度	
低頻	高頻
網路模型	對聯合損失的CCA相關量度
銀行系統的跨系統風險敞口	

資料來源：IMF（2011）.

　　銀行等正致力於資料和資訊可得性的工作。最後，由於系統性風險的評估與一國經濟發展水準、金融體系結構、貨幣政策、匯率政策以及經濟開放程度等密切相關，所以並不存在一種具有普適性的評估方法。

2. 基於綜合指標體系的中國系統性風險評估

　　人民幣加入SDR後，所面臨的系統性金融風險是包括金融政策風險、金融市場風險、金融機構風險以及外匯市場風險在內的總體風險。因此，我們採用劉瑞興（2015）的方法，利用2005年7月—2015年12月之間的月度資料，從金融政策環境、金融市場、金融機構以及外匯市場等方面，構建中國系統性風險指數，並以此度量樣本區間內的系統性風險。

　　（1）金融政策風險。

　　人民幣加入SDR，在一定程度上也鼓勵著人民幣逐漸走向全面可自由兌換。這一全面開放將帶來國內金融市場與國際金融市場的進一步融合，從而也

給金融政策制定和監管方帶來了更大的挑戰。同時，金融發展不可避免地受到宏觀貨幣與財政政策的影響，因此我們首先度量金融政策風險。具體來說，選取貨幣供應膨脹率（M2/GDP）的變動率、實際利率的變動率以及財政赤字與GDP的比率，作為主要指標來度量金融政策風險。在這一部分和本節接下來對其他各大類金融風險進行度量時，我們也採用對影響各大類金融風險的具體指標的標準差的倒數所占比重來確定該具體指標的權重。

（2）金融市場風險。

人民幣加入SDR後帶來了國內金融市場與國際資本的進一步融合與更加深入的互動。一方面，這有助於我國金融市場的發展，進一步擴大金融系統在我國經濟中的作用與影響；另一方面，這也意味著我國金融系統更易受到國際金融市場波動的影響。因此，金融市場的風險也是我國金融系統性風險的重要來源之一。反映金融市場風險的指標主要有股票價格指數、國債指數以及反映房地產市場的國房景氣指數。這是因為股票市場、債券市場以及房地產金融市場是構成金融市場的主要組成部分。從國際和國內的經驗來看，也是最容易引發金融市場泡沫和金融波動的載體。

（3）金融機構風險。

金融機構是金融體系運行的具體執行主體，其運營狀況往往也關係到金融系統是否能夠有效運轉。某些金融機構由於其體量巨大或者與其他機構的牽扯過多，其自身的安全性也構成了影響整個金融系統的重要因素。另外，隨著人民幣加入SDR，我國金融機構也將逐漸參與到更多的國際金融活動中。因此，在度量系統性風險時，對微觀金融機構風險的度量必不可少。在現階段，銀行仍然是我國最主要的金融機構。因此，本節採用銀行貸款占GDP比重、銀行間同業拆借利率的變動率和銀行間債券交易利率的變動率為主要指標刻畫金融機構的風險。

（4）外匯市場風險。

人民幣加入SDR後，人民幣在世界貿易、外匯儲備等方面的角色越來越重要，同時也面臨著更大的風險和挑戰。這是由於，貨幣可兌換標誌著國內資本與

國外資產投資的雙向互動，隨之而來的是利率、匯率等機制變得更為複雜而且不易調控。因此，我們將外匯市場的風險也納入金融系統性風險的度量之中。本節選取的主要指標有：美元兌人民幣的匯率變動率和外匯儲備餘額變動率。

根據中國系統性風險指數，在2005年7月—2015年12月的10年裡，我國經歷了7次系統性風險較高的時期。具體來看，2005年7月21日，我國對人民幣開始實行以市場供求為基礎、參考一籃子貨幣進行調節、有管理的浮動匯率制度，人民幣不再單一盯住美元。基於此，匯改衝擊在一定程度上推升了當月的系統性風險。2007年10月和2008年12月的兩次系統性風險的加劇可以歸結為美國次貸危機的發生與蔓延，而2010年初快速上升的系統性風險則源自通貨膨脹高企。此後，在經歷了2010年中期到2013年初期的穩定期後，2013年6月遭受了短暫的流動性風險（錢荒）並導致了系統性風險上升。最近兩次系統性風險的上升，分別由2015年中期股票市場的劇烈波動和當年年底的人民幣匯率的快速貶值所引發（見圖9—5）。

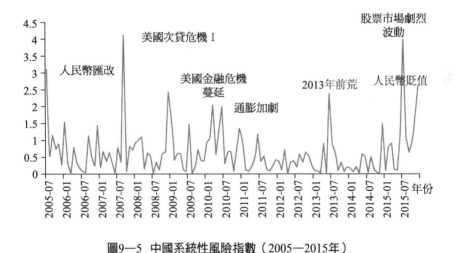

圖9—5　中國系統性風險指數（2005—2015年）

不難看出，我國系統性風險雖然經歷過若干次的短暫升高，但是究其原因，主要風險源都是來自某一單一市場，因此並未造成系統性風險的爆發或風險持續的升高。需要注意的是，在2015年下半年，中國系統性風險經歷了兩次

較大的提高。這一現象在歷史上是不多見的。因此，有關部門應該加強對系統性風險的緊密監控，完善應急處理措施，做到有備無患，即使風險爆發時也可將損失控制在一定範圍內。

值得注意的是，雖然系統性風險可能來自金融系統的各個方面，但是不能簡單地把任何單一金融部門的風險都看作是系統性風險。系統性風險是能夠同時影響多個金融部門乃至實體經濟的風險。其主要判別依據為是否有多個金融部門同時產生異動。如果某一金融部門的風險的影響只局限於這個部門本身，那麼即使風險造成的波動幅度較大，也不能歸結為系統性風險。

由於系統性金融風險來源的多樣性，以及對系統性風險的評估需要一個整體上的把握，因此，建立一個統一的、全面的金融監管與監測體系顯得尤為重要。此外，在現代金融發展中，由於高頻交易的存在，金融波動可能在很短的時間內迅速擴大，成為系統性金融風險。因此，我們建議使用更高頻的資料（如周度數據）對系統性風險進行評估與監測。

9.3 宏觀審慎政策框架的主要內容與運行機制

9.3.1 選擇宏觀審慎政策工具：「時間維度」與「跨部門維度」

以微觀審慎為核心的監管工具旨在通過將個體機構風險的內部化來達到保護消費者和投資者的目的，忽略了自身的「外部性」問題。然而，在一個高度關聯的金融體系當中，個體機構處於緊密而複雜的網路體系當中，具有非常明顯的外部性。在這種情況下，個體機構不可能完全將其對於其他機構產生的壓力成本「內部化」，因此就需要宏觀審慎政策工具來為金融機構提供額外的動力來完成這些工作。具體來看，就是要通過提升金融體系的穩健性、減緩金融體系的順週期性以及利用抑制金融機構相互關聯等政策工具，來迫使個體機構對自身的「外部性」進行「內部化」。

宏觀審慎政策工具主要分為逆週期政策工具（「時間維度」）與解決金

融體系集中度和關聯度的政策工具（「跨部門維度」）兩大類，具有以下共同特徵：第一，無論是被賦予宏觀審慎功能的微觀審慎監管工具，還是典型的宏觀審慎監管工具，都必須對抑制系統性風險、保障金融穩定具有非常明確的指向性。第二，為保證政策的有效性，宏觀審慎監管工具應當受一個具有明確的宏觀審慎監管授權、責任和操作獨立性的機構所支配。同時，宏觀審慎監管工具不僅不能對其他政策的有效性產生破壞，而且要成為現有政策的有效補充。第三，宏觀審慎監管工具主要被用來對金融不穩定性進行預防而非治理，因為後者屬於危機管理範疇。第四，宏觀審慎監管工具必須根據個體機構對於系統性風險的貢獻度而適時調整，而且任何具有系統重要性的機構（無關其機構類型）都應該被納入監管邊界當中。

　　從「時間維度」來看，宏觀審慎政策工具主要通過在經濟的繁榮時期建立足夠的資本緩衝來實現其政策功能。一方面，由於在經濟繁榮期，資本積累的過程相對容易且成本不高，同時還能起到抑制金融市場主體的過度風險承擔行為的作用，充當經濟繁榮的「制動器」；另一方面，在經濟蕭條期，通過釋放已積累的資本緩衝，可以吸收損失，緩解金融體系的內生性危機放大機制。目前，「時間維度」的政策工具主要包括逆週期資本緩衝、留存資本緩衝、動態撥備制度、流動性要求、槓桿率、貸款價值比以及壓力測試等逆週期工具。從「跨部門維度」來看，宏觀審慎政策工具採用「自上而下」的方式，根據個體機構對系統性風險的貢獻度：首先，需要測定系統範圍內的尾部風險，計算單個機構對風險的影響，然後相應地調整政策工具（資本金要求、保險費等）。這意味著對於影響大、貢獻度高的機構，需要執行更高的監管標準。與此形成鮮明對比的是，微觀審慎監管對所有機構執行的是共同標準，而且一般採用自下而上的方式實現。目前，「跨部門維度」的政策工具主要包括「大而不倒」問題的解決方案以及根據不同機構風險貢獻度而設計的針對性政策工具等。

　　事實上，宏觀審慎政策工具早已有之，只是在本次國際金融危機之後才被大規模運用於監管實踐當中（詳見附表9—1）。近期，國際貨幣基金組織組織了一次針對119個國家在2000—2013年間宏觀審慎政策工具使用情況的調查。結

果發現，發展中國家的使用頻率高於發達國家，且兩者的使用頻率隨著時間的推移不斷提高。資本帳戶開放與否對於工具使用頻率並沒有一致結論，不同監管工具的使用頻率與本國資本帳戶開放程度的相關性不強（如表9—2所示）。

表9—2 宏觀審慎政策工具使用頻率比較（%）

工具	全部國家 （1）	發達國家 （2）	新興市場 國家 （3）	發展 中國家 （4）	資本帳戶 開放國家 （5）	資本帳戶 未開放國家 （6）
貸款價值比限制	21	40	20	6	29	14
債務收入比限制	15	13	21	0	19	12
時變/ 動態準備金	9	5	6	19	5	11
逆週期資本要求	2	1	3	1	0	3
槓桿率	15	13	17	12	28	8
系統重要性機構 額外資本要求	1	1	1	1	1	1
銀行間風險 敞口限制	29	33	32	17	34	26
集中度限制	75	69	76	77	72	78
外幣貸款限制	14	9	16	13	10	16
存款準備金要求	21	0	24	33	4	32
本幣貸款限制	12	0	11	26	9	14
金融機構稅收	14	14	14	11	17	12

資料來源：IMF（2015）．

近年來，我國監管部門已經開始在實踐當中加強宏觀審慎監管，推出不少具有較強實效性和針對性的政策工具（詳見附表9—2）。實施機構主要是中國人民銀行和銀監會等部門，工具當中既有應對時間維度風險的工具，又有防範跨部門風險的工具，既有宏觀層面又兼顧微觀層面，為防範系統性風險起到了良好效果。

9.3.2 實現審慎監管與宏觀經濟政策的協調搭配

在現行的金融穩定框架當中納入宏觀審慎維度，意味著當前政策框架需要徹底重構。特別是要真正厘清審慎監管政策與宏觀經濟政策的政策邊界，並通過相互之間的協調配合來保障金融穩定目標的實現。

在新的框架當中，各種政策工具都在保證其首要目標實現的同時被賦予了在金融穩定實現過程中所應扮演的新角色（如圖9—6所示）。以貨幣政策與微觀審慎監管的配合為例，貨幣政策的首要目標是貨幣穩定，而微觀審慎監管政策的首要目標則是限制個體金融機構的風險，在實踐當中，只有兩者的有效配合才能更好地服務於金融穩定目標。具體而言，央行在進行決策時，就不能將短期通貨膨脹作為唯一目標，而應該同時考慮信貸和資產價格的實際情況，從而通過附加的政策操作實現中長期金融與宏觀經濟的穩定。同時，微觀審慎監管政策也不僅僅局限於考慮個體金融機構的穩健與否，而是將其拓展至宏觀審慎視角，考慮單個機構在整個金融體系當中的風險暴露程度，這在客觀上同樣有利於金融穩定目標的實現。

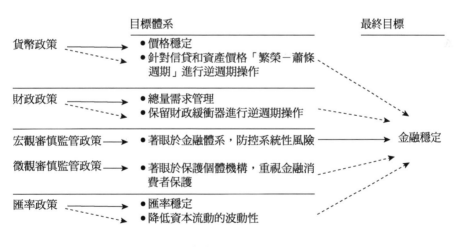

圖9—6　金融穩定新框架下的政策目標

注：圖中實線表示政策的首要目標，虛線表示政策的次要目標。

資料來源：Hannoun（2010）；Schoenmaker（2010）.

具體來看，我們需要對貨幣政策、財政政策、匯率政策和審慎政策的目標體系進行重新界定。

第一，貨幣政策。

央行在制定貨幣政策時，必須同時兼顧主要與次要目標的實現，正確處理兩者的相互關係與實施次序。首先，貨幣政策依然要利用傳統的政策工具，將保障貨幣穩定作為第一要務；其次，將金融穩定納入次要目標，通過更為對稱的政策操作實現降低金融失衡的累積、保障金融穩定的目標。具體而言，在經濟上行期採取逆向操作，通過提高法定利率、存款準備金率、控制信貸發放以及通過發行央行票據和回購協議控制流動性等方式，來抑制經濟的過度繁榮；在經濟下行期，通過降低法定利率、存款準備金率、放鬆信貸以及通過公開市場操作注入流動性等方式，為經濟注入活力，避免過度蕭條。

為保障金融穩定，貨幣政策操作有必要採取更為對稱的方式，無論在經濟的繁榮期還是蕭條期，貨幣政策都要發揮更為均衡的政策效力。當然，這並不意味著貨幣政策一定要將資產價格納入政策目標。事實上，貨幣政策可以通過逆向操作來減少可能的系統性風險和金融失衡的積累，而不是將資產價格這一經濟指標直接納入貨幣政策目標當中。

第二，財政政策。

與貨幣政策的操作一樣，財政政策通常被用來進行逆週期的需求管理，但在它的制定和實施過程中，也要考慮需要保留或者釋放一定的財政緩衝（fiscal buffers）來應對金融體系中可能出現的擴張或緊縮。也就是說，財政政策同樣需要在實現稅收調節、自動穩定器等首要功能的同時，實行更為均衡的政策操作，以保障金融穩定。在經濟上行期，通過降低債務水準、提高金融部門的稅率等方式積累財政緩衝，這也意味著政府債務要保持在合理的水準上，以使得在經濟下行時期政府可以通過借債來平滑金融市場的波動；在經濟下行期，通過資本注入、存款與債務擔保以及針對金融機構的一攬子危機救助方案等方式來為金融部門提供支持，以此減緩經濟衰退。

第三，匯率政策。

在大多數發達國家，特別是採取通貨膨脹目標制的貨幣當局，通常將匯率政策與貨幣政策掛鉤，更多關心匯率政策對通貨膨脹的影響。但是，在部分小國和新興市場國家，匯率政策的情形並不一樣。米什金（Mishkin，2008）的研究發現，小國大都關注匯率並通過對外匯市場的干預來熨平波動，這在一定程度上會影響匯率的走勢。實踐證明，如此做法對於保障金融穩定和減少經濟波動的效果更為明顯。在歷次危機當中，由於資本流動的劇烈變化或由其他因素導致的匯率大幅波動會嚴重危害金融穩定並對實體經濟產生巨大的破壞作用。特別是對貿易依賴程度較高或者存在貨幣錯配的國家，其遭受破壞的影響範圍和波及程度更大。

第四，審慎政策。

微觀審慎監管的目標主要是維護個體機構穩健，糾正因資訊不對稱、有限責任以及其他諸如直接或間接的政府擔保等缺陷而導致的市場失靈，它在宏觀經濟中的作用長期被忽略，金融監管並沒有以宏觀經濟政策的角色出現。危機以來，由於微觀審慎監管對於系統性風險、金融體系的順週期性、流動性風險以及影子銀行等等缺乏必要的監管而廣受詬病。危機之後，一方面，加強宏觀審慎監管無論在學術界還是政策層都已經達成基本共識，構建兼具宏觀和微觀的審慎監管政策以保障金融穩定成為絕大多數國家的共同目標；另一方面，宏觀審慎監管作為宏觀經濟管理的重要手段，被更多地用來與貨幣政策、財政政策等宏觀經濟政策相互搭配，共同維護金融穩定。

9.4 構建符合中國實際的宏觀審慎政策框架

危機以來，我國順應全球範圍內加強宏觀審慎監管，推動金融監管改革的大趨勢，陸續推出多種具有實效性的宏觀審慎政策工具，為防範和化解系統性風險起到了良好作用。而且近年來黨和國家的重要文件多次提出要構建宏觀審慎政策框架。但是，由於現行改革舉措僅限於工具創新而未真正觸及監管體制

改革的核心，未能完善宏觀審慎政策的治理結構和制度基礎，並真正構建起與新時期經濟金融發展相匹配、符合中國實際的宏觀審慎政策框架，導致股市、匯市等單個市場的大幅波動，並存在發生系統性危機的隱患。

習近平主席在《關於〈中共中央關於制定國民經濟和社會發展第十三個五年規劃建議〉的說明》中明確提出：「近來頻繁顯露的局部風險特別是近期資本市場的劇烈波動說明，現行監管框架存在著不適應我國金融業發展的體制性矛盾，也再次提醒我們必須通過改革保障金融安全，有效防範系統性風險。要堅持市場化改革方向，加快建立符合現代金融特點、統籌協調監管、有力有效的現代金融監管框架，堅守住不發生系統性風險的底線。」

因此，在人民幣加入SDR，中國更大程度地融入國際競爭的重要時期，更應當充分借鑒國際經驗，明確我國金融監管體制改革的原則，加快構建符合中國實際的宏觀審慎政策框架。具體來看：

第一，要在現行金融監管框架當中增加「宏觀審慎」維度，並明確宏觀審慎政策的具體實施部門。危機以來，各國的監管改革以增加現行監管框架的宏觀審慎維度為主，加強系統性風險監測、評估和防範，並以不同方式（專門委員會或者審慎監管局等）明確了實施宏觀審慎政策的具體部門。例如，美國根據《陶德－法蘭克華爾街改革和消費者保護法案》成立的金融穩定監督委員會（FSOC），由10名有投票權成員和5名無投票權成員組成。擁有投票權的成員包括9名聯邦金融監管機構成員和1名擁有保險專業知識的獨立成員。主席由財政部長擔任，向國會負責。該委員會承擔了識別系統重要性機構、工具和市場，全面監測系統性風險並提出相關應對措施，以及協調解決各成員部門爭端，促進資訊共用和監管協調等職能。按照《泛歐金融監管改革法案》的規定，歐盟設立歐洲系統性風險委員會（ESRB），歐央行行長擔任委員會主席，成員包括各成員國央行行長、歐央行副行長、歐盟委員會代表、歐盟微觀審慎監管機構負責人等。該委員會負責收集和分析資料資訊，進行系統性風險監測、分析與評估並及時向成員國提出宏觀審慎政策的實施建議，同時加強成員國之間的溝通和協調等。根據新《金融服務法》，英格蘭銀行理事會下設金

融政策委員會（FPC），英格蘭銀行行長擔任主席，成員包括貨幣政策委員會主席、審慎監管局主席和金融行為局主席。該委員會的主要職能包括系統性風險的識別、評估、監測，全面保障金融穩定，同時還被賦予宏觀審慎監管的主導權。具體包括決策制定宏觀審慎政策工具並要求新設立的審慎監管局或金融行為監管局具體實施的「指令權」（power of direction），以及向審慎監管局和金融行為監管局提出具體實施建議的「建議權」（power of recommendation）。法國根據《經濟現代化法》和《銀行金融監管法》，確立了以中央銀行為核心，包括審慎監管局和金融市場監管局在內的監管框架。同時成立的金融監管與系統性風險委員會擔負起監測與識別系統性金融風險、協調國內外相互之間的監管行動以及合作交流等職能。

第二，除了維護貨幣穩定之外，央行應當被賦予更多的保障金融穩定和加強金融監管的職能。危機之前，為了解決金融監管與貨幣政策衝突，並保障央行貨幣政策的獨立性，央行普遍被剝離了金融監管的職能。但是，貨幣穩定並未能帶來金融穩定，相反金融危機頻繁爆發。在過去的30多年間，無論是發達國家還是發展中國家均遭受了金融危機的衝擊。危機之後，各國將防範系統性風險、保障金融穩定作為監管體制改革的核心目標，強化中央銀行金融穩定和金融監管的職能，進一步推動宏觀審慎監管改革及其與宏觀經濟政策的協調。例如，美聯儲被賦予了對系統重要性機構、金融控股公司和重要金融基礎設施的監管權。歐元區建立單一監管機制（SSM），賦予歐央行金融監管職能。自2014年11月起，歐央行可以直接監管該機制框架下的成員國的系統重要性信貸機構、金融控股公司、混合型金融控股公司以及信貸機構在非該機制成員國設立的分支機構等。英格蘭銀行負責對具有系統重要性的金融市場基礎設施進行審慎監管，同時還被賦予了微觀審慎監管的職能。新的《韓國銀行法》明確賦予央行保障金融穩定的功能並相應增加了監管許可權。

第三，要從功能和機制上厘清貨幣政策、宏觀審慎、微觀審慎和行為監管四者之間的關係，並加強相互之間的協調配合。危機以來，各國金融監管體制改革主要圍繞如何把貨幣政策、宏觀審慎、微觀審慎以及行為監管有效組合並

配之以合理的機構設置。目前來看，主要有以下幾種模式：一是將貨幣政策、宏觀審慎、微觀審慎統歸央行的大央行模式。例如，英國2015年發佈的《英格蘭銀行議案：技術諮詢稿》進一步升級本國金融監管體制改革，將負責貨幣政策的貨幣政策委員會、負責宏觀審慎政策的金融政策委員會以及負責微觀審慎監管的審慎監管委員會統歸到英格蘭銀行之下，同時將原先作為英格蘭銀行附屬機構的審慎監管局完全併入英格蘭內部，形成了由央行主導的大一統監管體制。此外，俄羅斯在危機後構建的由中央銀行承擔銀、證、保以及其他非銀行金融機構監管職能的大一統監管體制與此類似。二是成立金融穩定監督委員會並加強央行金融監管職能的「委員會＋強化版央行」模式。該模式保留多頭監管的格局，由金融穩定監督委員會承擔系統性風險防範和化解以及監管協調等職能，美聯儲被賦予更多的監管職能。當然，之所以採取這種模式是考慮到美國擁有最為發達和複雜的金融體系，長期實行邦、州兩級的多頭監管體制，如果對其進行單一監管體制的改革，將受到諸多制度和法律層面的障礙。事實上，歐盟新設的歐洲系統性風險委員會與被賦予更多監管職能的歐央行的模式跟美國的監管改革方向有一定的相似之處。三是「審慎監管＋行為監管」的雙峰監管模式。該模式的主要特點在於嚴格區分審慎監管和行為監管，同時明確央行在審慎監管當中的核心作用。澳洲的監管模式為央行負責宏觀審慎政策，獨立於央行之外的審慎監管局、證券與投資委員會分別承擔微觀審慎監管和行為監管的職能。荷蘭則由央行負責宏觀與微觀審慎監管職能，金融市場局負責行為監管。

第四，要全面提高金融資料的可獲得性和準確性，為系統性風險的監測、分析和評估提供全面、及時的資訊。本次國際金融危機的爆發與蔓延很大程度上源自政策部門所掌握的全面金融資訊的缺失，以致無法在危機前準確把握風險積累和演變的過程，錯失危機預警和政策干預的時機。宏觀審慎政策實施部門只有全面、及時、準確地掌握大量經濟金融資料資訊，從整體上把握金融業整體運行和發展狀況，才能做出更為有效的判斷和決策，真正起到防範系統性風險的作用。目前，金融穩定理事會、國際貨幣基金組織、國際清算銀行、世

界銀行以及主要經濟體，正通過強化央行職能、修訂法律框架、完善統計制度以及擴大統計範圍等方式，加強資料和資訊的可得性並促進各類金融資訊的共用與協調。

第五，要建立有效的危機處置機制並加強金融消費者保護。危機以來，為防止危機的再次爆發和蔓延，各國均加強了各自的危機處置能力。其中，美聯儲、英格蘭銀行均被賦予了一定的風險處置功能。新的監管體制明確由美聯儲與聯邦存款保險公司共同負責美國系統性風險的處置。按照歐盟《銀行恢復和處置指令》，英格蘭銀行作為英國金融危機處置當局，負責制定金融機構處置策略。新的監管辦法則進一步明確英格蘭銀行在制定或更新金融機構處置策略時，要將關鍵資訊提供給財政部，以便政府及時評估可能對公共資金造成的風險。而歐盟通過構建歐洲銀行業聯盟的方式，將銀行業監管、處置和存款保險機制進行合併。此外，部分國家成立了專門的機構，以進一步加強對於金融消費者的保護。例如美聯儲通過設立獨立的消費者金融保護局，統一行使消費者權益保護的職責。

全球和中國的主要宏觀審慎政策工具分別見表9—3和表9—4。

表9—3　全球主要宏觀審慎政策工具

工具	簡介
時間維度	
貸款價值比限制（Caps on the LTV）	貸款價值在貸款首付方面對家庭的借貸能力造成了約束。從理論上講，由於房屋價格和家庭借貸能力（借貸能力取決於房屋的抵押價值）以順週期性的方式相互影響，因此這種約束實際上限制了抵押貸款的順週期性。不論LTV是否經常調整，如果設定在一個合適的水準上，就可以解決系統性風險。但是，對LTV的調整使其成為了一個有效的逆週期性政策工具。
債務收入比限制（Caps on the DTI）	債務收入在單獨提出時指的是一種致力於保障銀行資產品質的審慎調控規則。但當它和LTV同時使用時，DTI會通過限制家庭借貸能力從而抑制抵押款的週期性。同LTV一樣，對DTI的調整可以通過逆週期性的方式來應對系統性風險。

工具	簡介
外幣貸款限制（Caps on foreign currency lending）	外幣貸款使沒有進行對沖操作的借款人面臨外匯風險並使出借人面臨信用風險。這種風險不斷擴大、增加，則會發展成全面的系統性危機。針對外匯的限制（或者更高的風險權重、存款準備金等等）可以被用來防範由外匯引起的系統性風險。
信貸或信貸增長上限（Ceilings on credit or credit growth）	信貸上限可以是針對整體銀行信貸或者特別部門貸款。前者主要可用於抑制信貸或資產價格週期，也就是時間維度系統性風險的積累。而後者可以減少特定部門的風險敞口，也就是化解空間維度風險。
淨貨幣頭寸限制/貨幣錯配（Limits on net open currency positions/ currency mismatch）	這種審慎的調控工具減少了銀行所面臨的外匯風險。並且，這些限制可以用來解決由於銀行集中性購買外幣帶來的匯率大幅波動問題。這種外部效應以高昂的外幣負債增加了沒有進行對沖操作的借款人的信用危機。
期限錯配限制（Limits on maturity mismatch）	由於資產/債務到期的選擇會造成一種外部效應——資產大減價出售，從而使期限錯配限制可被用於應對系統性風險。危機當中，如果金融機構由於到期無力償還短期債務，則該金融機構要被迫進行資產清算，對持有的資產進行減價出售，從而使一些資金短缺機構由於傳染效應爆發系統流動性危機。
存款準備金要求（Reserve requirements）	該政策可以從兩個層面應對系統性危機。第一，存款準備金對信貸增長有著直接影響，所以它有可能抑制信用/資產價格循環，即系統性危機的時間維度；第二，存款準備金為資金流動提供緩衝，從而在情況允許時，可以用於緩解系統性的流動性危機。
逆週期資本要求（Counter cyclical capital requirement）	該工具可以通過調節比率或風險權重的形式，在經濟上行期提高以限制信用擴張，在經濟下行期降低來提供資金緩衝。長期資金緩衝也往往是在經濟上行期建立、經濟下行期取消，與逆週期資本要求具有同樣的作用。

續前表

工具	簡介
時變/動態準備金 （Time-varying/Dynamic provisioning）	傳統的動態儲備金是根據銀行特定損失調整的，但是它也可以用來抑制金融系統中的週期性。經濟上行期調高儲備金要求可以起到緩衝作用，並且限制信貸擴張；經濟下行期則降低儲備金要求以此來支持銀行放款。要求的調整取決於固定的標準，或者取決於政策制定者的判斷，準備金要求以逆週期性的方式影響著銀行的放貸行為。
利潤分配限制 （Restrictions on profit distribution）	由於未分配的利潤將會加在銀行總資本中，在經濟下行期，這種限制往往對銀行放貸產生逆週期性的影響。巴塞爾協議Ⅲ中的資本留存緩衝也扮演著相似的角色。
跨部門維度	
系統重要性金融機構額外資本要求（Systemic capital surcharges）	巴塞爾協議Ⅲ規定對系統重要性金融機構需要提取1%～2.5%的額外資本金要求。
對金融機構徵稅 （Levy/Tax on Financial Institutions）	向全球銀行和金融機構徵稅並建立救助基金，主要用於覆蓋未來銀行等金融機構的救助成本。包括金融穩定稅（Financial Stability Contribution, FSC）、金融機構活動稅（Financial Activities Tax, FAT）、金融交易稅（Financial Transaction Tax, FTT）等
銀行間風險敞口限制 （Limits on Interbank Exposures）	對銀行間風險敞口加以限制，可以降低風險在銀行間傳染的可能性，從而解決過大的風險敞口所引發的大規模風險爆發等問題。
集中度限制 （Concentration Limits）	風險集中度是相對於銀行資本、總資產和總體風險水準，由沒有完全分散化的個體風險或風險集導致的可能影響正常經營的風險暴露。對金融機構的風險集中度限制可以降低整體風險集中度的形成概率。
對未通過中央對手方清算的交易提出更高的資本要求（Higher capital charges for trades not cleared through CCPs）	巴塞爾協議Ⅲ提高了對雙邊場外交易風險暴露的資本要求，鼓勵場外衍生品交易向中央對手方集中，以解決銀行等金融機構衍生品市場可能引發的系統性風險。

資料來源：IMF（2011）；IMF（2015）；筆者整理。

表9—4 中國宏觀審慎政策工具

工具	實施機構政策	目標
時間維度		
個人住房貸款價值比要求	中國人民銀行、銀監會	房地產價格、房地產相關資產業務
差別準備金動態調整機制	中國人民銀行	信貸增長、資產價格
動態撥備要求	銀監會、中國人民銀行、財政部	緩解親週期經營行為，提高損失吸收能力，信貸增長
逆週期資本監管	中國人民銀行、銀監會	緩解親週期經營行為，提高損失吸收能力，信貸增長（輔助目標）
槓桿率要求	銀監會	緩解親週期經營行為
特定資產組合資本要求調整	銀監會	對特定資產組合的增長進行微調
跨週期的風險加權資產計量方法	銀監會	緩解資本計量的親週期性
合意貸款管理機制	中國人民銀行	對銀行業金融機構在一個時期內的貸款總額進行投放節奏與投放規模的調控
宏觀審慎評估體系（MPA）	中國人民銀行	差別準備金動態調整和合意貸款管理機制的升級版。重點考慮資本和槓桿情況、資產負債情況、流動性、定價行為、資產品質、外債風險、信貸政策執行等七大方面，通過綜合評估加強逆週期調節和系統性金融風險防範
跨部門維度		
加強系統重要性金融機構的監管	中國人民銀行、銀監會	降低系統重要性金融機構經營失敗對金融體系的衝擊
流動性風險管理	中國人民銀行、銀監會	宏觀層面的流動性風險

續前表

工具	實施機構政策	目標
限制同業之間的交易	中國人民銀行、銀監會	降低金融機構之間的傳染性
風險隔離（「柵欄原則」）	中國人民銀行、銀監會	降低中間業務、高風險業務對傳統業務的傳染性
早期預警系統	中國人民銀行、銀監會	

資料來源：廖岷、孫濤、叢陽：《宏觀審慎監管研究與實踐》，北京，中國經濟出版社，2014；筆者整理。

第十章

結論和建議

10.1　主要研究結論

　　結論 1：人民幣加入SDR貨幣籃子，標誌著人民幣國際化跨越了一個里程碑。在五個方面動力的共同推動下，人民幣國際化指數快速上升，達到3.6，五年間增長逾10倍。在新的平臺上，中國需要加強宏觀金融管理，防止人民幣國際化「曇花一現」。

　　2015年是人民幣國際化取得豐碩成果的一年。跨境貿易人民幣結算累計發生7.23萬億元，占我國貿易總額的29.36%，占全球貿易結算的份額提升至3.38%。以人民幣結算的對外直接投資達到7 362億元，較上一年增長了294.53%。境內金融機構人民幣境外貸款餘額達3 153.47億元，同比增長58.49%。中國人民銀行已與33個國家和地區的貨幣當局簽署貨幣互換協議，貨幣互換餘額3.31萬億元。人民幣金融資產的國際吸引力上升，QFII和RQFII出現較快增長，總數達到295家和186家。一些外國政府開始在中國發行人民幣計價的熊貓債，將人民幣資產納入其官方儲備。鑒於人民幣發揮越來越重要的國際貨幣功能，11月30日國際貨幣基金組織宣佈，將人民幣納入SDR貨幣籃子，成為人民幣國際化的里程碑事件。2015年綜合反映人民幣國際使用程度的指標RII達到3.6，五年間增長逾十倍。

人民幣國際化指數快速增長的主要動力來自五個方面：一是中國經濟保持6.9%的中高速增長，使得國際社會對人民幣充滿信心。二是深化金融改革，繼續推進資本帳戶開放。2015年中國的利率市場化基本完成，8月進行了市場導向的匯率形成機制改革，放鬆企業發行外債的管制，允許更多境外機構依法合規參與中國銀行間外匯市場，中國資本開放度已經提高到0.650 2，與2011年相比，資本市場開放度提高了34%。三是人民幣基礎設施逐步完善，相關配套體系與國際接軌。跨境人民幣支付系統CIPS上線運行，基本建成覆蓋全球的人民幣清算網路，採納IMF資料公佈特殊標準（SDDS），提升經濟金融統計的標準性與透明性。四是「一帶一路」戰略有序推進，中歐經濟金融合作掀起熱潮。我國先後與31個國家和地區簽署一系列合作協議與諒解備忘錄，大批重點建設專案落地，亞投行成立運營，為沿線人民幣聯通使用構築了堅實載體。歐盟已成為中國第一大交易夥伴、第一大技術引進來源地和重要的投資合作夥伴。令人矚目的是，人民幣直接投資和跨境貸款成為推動RII較快上升的新動力。五是大宗商品領域人民幣計價使用程度增強。在美元走強的情況下，中東地區提高了人民幣使用水準。2015年，人民幣成為阿拉伯聯合大公國、卡達對中國大陸和香港地區支付的常用貨幣，支付占比分別達74%與60%。人民幣是僅次於美元、歐元的受俄羅斯客戶歡迎的第三大貨幣，莫斯科交易所也推出了人民幣兌盧布期貨交易。倫敦金屬交易所接受人民幣作為質押貨幣，中國（上海）自貿區跨境人民幣大宗商品現貨交易啟動。

　　2015年主要貨幣出現了分化。美聯儲啟動了加息進程，美元大幅走強，推動美元國際化指數上升至55.82，已經收復了2007年次貸危機爆發以來的失地。希臘問題、難民危機、英國「脫歐」風險使得歐元前景黯淡，歐元國際化指數降至24.29。日本經濟正在緩慢恢復，企業收入大幅增長，日圓國際化指數保持在4.06，國際地位得到鞏固。英國經濟表現好於預期，貿易與投資增長較快，英鎊國際化指數為4.82，國際地位小幅上升。

　　應當看到，人民幣「入籃」並不等於人民幣國際化目標實現。人民幣國際化的最終目標是要實現與中國經濟和貿易地位相匹配的貨幣地位，註定要經

歷一個漫長的歷史過程。雖然IMF從官方角度認可了人民幣的國際儲備資產身份，但能否成為主要國際貨幣之一還必須取決於國際金融市場上使用和持有人民幣的實際情況。從日圓加入SDR貨幣籃子之後的經驗來看，國際貨幣的「官方身份」未必自然產生「市場地位」。我們應當充分借鑒日圓國際化「曇花一現」的歷史經驗教訓，堅定政策立場，把握市場機遇，做好國際貨幣競爭博弈的反遏制準備，避免重蹈日圓覆轍。

結論2：經典理論和德日兩國歷史經驗表明，隨著人民幣國際化程度逐漸提高，貨幣當局必然要面臨宏觀金融政策調整及其引致宏觀金融風險的嚴峻考驗。應當以宏觀審慎政策框架作為制度保障，將匯率管理作為宏觀金融風險管理的主要抓手，將資本流動管理作為宏觀金融風險管理的切入點，全力防範和化解極具破壞性的系統性金融危機，確保人民幣國際化戰略最終目標的實現。

伴隨貨幣國際化水準的逐漸提高，貨幣發行國將不得不在放開資本帳戶、維持匯率穩定、保持貨幣政策獨立性這三大宏觀金融政策目標中做出重新選擇。從歷史經驗看，德國和日本選擇了不同的政策調整路徑，對兩國經濟和金融運行產生了迥然不同的深刻影響，使得這兩個國家在貨幣國際化的道路上明顯拉開了差距。

德國先實現了德國馬克國際化，然後才完全放開資本帳戶。在此期間，德國對於匯率和貨幣政策的穩定一直是有著近乎偏執的追求，一直以審慎的態度逐步放開和調整資本帳戶。這種調整策略不僅為德國贏得了工業核心競爭力提升的黃金時期，還為德國應對德國馬克國際化後出現的各種金融市場波動準備好了充足的技術手段和政策工具，最終成就了德國馬克和德國在國際金融市場中的地位。而日本則過於激進，從20世紀60年代開始就試圖大幅放開資本帳戶，並且高估了本國實體經濟應對匯率升值衝擊的能力，沒有很好地保持日圓匯率穩定。日圓過快升值導致產業轉移，出現了經濟「空心化」，嚴重損害了本國實體經濟。雖然20世紀80年代日本試圖通過寬鬆型貨幣政策和金融市場開放來刺激本國經濟，但是實體經濟的衰退已經不可避免，最終不僅使得日圓國際化成為泡影，同時還拖累了東京金融市場的發展。

當一國貨幣已經躋身於主要國際貨幣行列之後，貨幣當局只能採取「資本自由流動＋浮動匯率＋貨幣政策獨立性」的宏觀金融政策組合。這同樣也適用於中國。然而，貿然放開資本帳戶和人民幣匯率，極有可能發生系統性金融危機，嚴重損害實體經濟和金融發展，致使人民幣國際化進程中斷。因此，政策調整不能急於求成，要在本國經濟和金融市場、監管部門做好應對國際資本衝擊的充分準備以後才可放開匯率和資本帳戶。

在貨幣國際化水準由低而高變化的時候，對貨幣發行國來說，首要的挑戰就是匯率波動。但匯率過度波動會對金融市場造成負面衝擊，並對實體經濟穩健增長產生不利影響。在這個問題上，我們應該效仿德國，在貨幣國際化初期將匯率穩定目標置於首要位置。

伴隨著資本帳戶的逐步開放，中國的外匯市場和資本市場將成為國外遊資和投機資本主要衝擊的目標。應當充分吸取廣大新興市場國家因國際資本流動衝擊引發金融危機的教訓，對於國際資本流動特別是短期資本流動保持高度警惕。因此，宏觀金融風險管理要以資本流動管理作為關鍵切入點，重點識別和監測跨境資本流動所引起的國內金融市場連鎖反應，加強宏觀審慎金融監管，避免發生系統性金融危機。

當前，貨幣當局宏觀金融管理的核心任務就是構建更加全面、更具針對性的宏觀審慎政策框架，追求金融穩定目標，為推動人民幣國際化戰略提供必要前提。一方面要將匯率政策與貨幣政策、財政政策等工具協調使用，將物價穩定、匯率穩定、宏觀經濟穩定增長等政策目標統一在金融穩定終極目標的框架之內。另一方面要繼續完善微觀審慎監管政策，重視金融機構的風險控制與管理，加強金融消費者權益保護，同時積極探索宏觀審慎監管政策，著眼於金融體系的穩健運行，強化金融與實體經濟的和諧發展，將防控系統性金融風險作為實現金融穩定目標的重要支撐。

結論3：繼續推進人民幣國際化將面對更加嚴峻的金融風險挑戰。中短期和長期匯率決定因素更加複雜，匯率波動和央行匯率管理成為全球焦點。國內各個金融子市場之間、境內外金融市場之間的資產價格聯動性和金融風險傳染

性明顯提高，對跨境資本流動的衝擊更加敏感。銀行國際化發展過程中需要經受國內外雙重風險的考驗，實現市場擴張與風險控制之間的平衡更加困難。

隨著人民幣匯率形成機制的不斷完善以及資本帳戶開放度的逐步提高，人民幣匯率決定因素將發生明顯變化。國際經驗表明，宏觀經濟基本面對長期匯率決定具有較強的解釋力，但對短期匯率波動的影響力較低。短期匯率波動主要受跨境資本流動衝擊和其他國家政策溢出效應的影響，但市場套利行為可以促使匯率回歸長期均衡水準。匯率波動性對短期資本流動沒有顯著影響，但是對經濟增長穩定性的影響大幅度增加，對外商直接投資的影響尤其強烈。

隨著人民幣更多執行國際貨幣職能，人民幣匯率將不僅影響國內經濟和金融活動，也會對周邊國家匯率、區域貿易投資甚至整個國際金融市場產生不小的溢出效應，因此加強人民幣匯率預期管理十分必要。2015年12月11日中國外匯交易中心正式發佈CFETS人民幣匯率指數，有助於改變市場過去主要關注人民幣兌美元雙邊匯率的習慣，逐漸把參考一籃子貨幣計算的有效匯率作為衡量人民幣匯率水準的主要參照系，理解並接受新的匯率形成機制。

更加靈活的人民幣匯率制度提高了跨境資本流動和金融市場的關聯度，使得外匯市場、貨幣市場、資本市場之間，以及離岸和在岸金融市場之間的價格聯動性及風險傳染性增強，使得國內金融市場存在不容忽視的脆弱性。研究表明，「8·11」新匯改之後，中國資本市場價格、槓桿率和跨境資本淨流入之間的關係，由之前的單向驅動關係變為循環式的互動關係，而且顯著正相關，對某一變數的衝擊呈現反身性和不斷強化的特徵。市場收益率與短期資本流動存在雙向的互相影響，說明短期資本流動衝擊足以影響到資本市場的價格和槓桿水準。此前對資本市場收益率、槓桿率和資本流動具有較大影響的CNH與CNY價差、外匯市場無拋補套利收益率的影響力逐漸下降。

人民幣加入SDR將提升更多國家和地區與中資金融機構加強合作的意願，為中資銀行帶來巨大的國際化發展空間，推動其在客戶和產品兩個維度加快提升海外業務規模及收入來源。在這一過程中，中資銀行不可避免地會面臨更加複雜的市場環境和監管要求，使得銀行的風險暴露在數量和結構方面出現新的

特徵。由於我國經濟正處於去產能、去槓桿的結構調整階段，銀行國際化發展過程中還不得不面對國內外雙重風險的考驗，有可能出現資產品質下降、利潤增速放緩、流動性風險上升等問題，導致銀行風險承受能力下降。對於那些系統重要性銀行來說，如果不能解決好風險管控問題，就會降低國際競爭力，錯失國際化發展的良機，還會危及國內金融體系的穩定。

結論4：中國經濟面臨著模式不適應、創新能力落後、貿易大而不強、民間投資萎縮等發展障礙，需要抓住主要矛盾進行供給側改革，降低實體經濟風險，夯實人民幣國際化的物質基礎。人民幣國際化可以在直接投資、技術進步、貿易升級等方面與供給側改革形成良性互動，化危為機，共同推動中國經濟進行結構調整和轉型升級。

實體經濟保持中高速可持續發展是人民幣國際化的堅實基礎。實體經濟是一國貨幣國際化的根基。強大的經濟實力、龐大的國際貿易體量、穩定的幣值、資本可自由使用、有效的宏觀政策等是貨幣國際化的必要前提。

自2008年國際金融危機以來，國際經濟環境變遷使得嚴重依賴出口和投資驅動的中國傳統經濟增長模式陷入困境，實體經濟面臨諸多結構性障礙，風險點不斷爆發。突出表現為：（1）創新能力薄弱，無法躋身國際產業鏈分工的中高端；（2）經濟結構失衡，儲蓄率過高，消費對經濟的拉動不足，部分行業產能過剩；（3）中小企業融資難，民間投資萎縮；（4）缺乏國際貿易的組織者和定價權，貿易大而不強等。與此同時，主要交易夥伴經濟疲軟，增長復甦困難，使得出口對中國經濟的驅動失效；發達國家紛紛採取措施重振製造業，去槓桿，回歸實體經濟，給中國製造帶來巨大的競爭壓力。

另一方面，對G20國家跨境資本流動的實證研究表明，自人民幣國際化以來，資本流動衝擊較以前更複雜、更頻繁，加劇了實體經濟的波動性。而且，在全球經濟虛擬化程度較高的現實背景下，還要防範資本流動導致國內經濟虛擬化加劇的風險。

推進供給側改革，長遠看有助於解決我國實體經濟的風險積聚問題。創新型工業體系的建立將確保經濟可持續發展，夯實人民幣國際化的物質基礎。而

人民幣國際化的穩步推進，不僅增加了國際社會對中國經濟的信心和需求，其所帶來的貿易計價結算和投融資便利，還有利於擴大對外貿易和國際合作，推動跨國併購和技術進步，形成大宗商品新的供應模式，在國內外更廣闊的市場上實現資源的優化配置。尤其是人民幣在國際化進程中穩步升值，迫使貿易結構升級，從產業鏈低端邁向中高端，形成了加速中國經濟增長動力轉換的倒逼機制。因此，從某種意義上看，人民幣國際化與供給側改革是相輔相成的，具有內在的相互促進機制，人民幣國際化本身就是中國實體經濟轉型升級的一大推手。

結論5：跨境資本流動等外部衝擊與國內金融市場風險、機構風險、實體經濟風險等相互交織、彼此傳染，使得由單個市場或者局部風險引起連鎖衝擊而導致系統性風險發生的概率不斷提升。需要編制中國系統性風險指數，加強對系統性風險的評估與監測。構建符合中國實際的宏觀審慎政策框架，在體制機制層面實現對系統性風險的防範與管理。

整個金融體系具有遭受外部因素衝擊以及內部因素相互牽連而發生劇烈波動甚至危機的可能性。隨著中國金融改革和人民幣國際化的推進，跨境資本流動導致國內系統性金融風險顯著上升。一旦遭受系統性風險衝擊時，任何單一金融機構都將不可避免地受到波及。換言之，系統性風險是能夠同時影響多個金融部門乃至實體經濟的風險，其主要判別依據為是否有多個金融部門同時產生異動。

由於系統性金融風險來源的多樣性，對系統性風險進行評估需要一個整體上的把握。我們從金融政策環境、金融市場、金融機構以及外匯市場風險等方面，運用加權平均方法進行綜合評估，構建中國系統性風險指數，為準確度量和客觀評估系統性風險提供科學依據。研究結果發現，在2005年7月—2015年12月的10年裡，我國經歷了7次系統性風險較高的時期。具體來看，2005年7月21日，我國開始實行以市場供求為基礎、參考一籃子貨幣進行調節、有管理的浮動匯率制度，人民幣不再單一盯住美元。此次匯率制度改革帶來了強烈衝擊，推升了當月的系統性風險。2007年10月和2008年12月出現的兩次系統性風

險加劇，歸結為美國次貸危機的爆發與蔓延。2010年初快速上升的系統性風險則源自通貨膨脹高企。此後，在經歷了2010年中期到2013年初期的穩定期後，2013年6月發生了短暫的流動性風險（錢荒）並導致系統性風險上升。最近兩次系統性風險的上升，分別對應的是2015年中期股票市場的劇烈波動和當年年底的人民幣匯率快速貶值。

我國系統性風險雖然經歷過若干次的短暫升高，但是究其原因，主要風險都源自某個單一市場，並未造成多個金融部門同時出現風險，沒有導致系統性風險爆發或持續升高。但是需要注意，僅僅在2015年下半年，中國系統性風險就經歷了兩次較大的提高。頻率之高，在歷史上罕見，需要引起高度重視。

國際金融危機重創了長期以來的金融監管理念，全球範圍內基本達成了「貨幣穩定」無法保障「金融穩定」、「個體穩健」無法保障「系統穩健」的共識，保障金融穩定的訴求引發了宏觀審慎監管大變革。我國也積極參與全球宏觀審慎監管改革，並在國內監管實踐當中推出多種宏觀審慎政策工具，一定程度上起到了防範系統性風險累積的作用。但在新形勢下，中國需要在微觀審慎監管之外增加「宏觀維度」，並且將金融監管與其他宏觀經濟政策實現有效協調配合，構建符合中國國情的宏觀審慎政策框架，防範系統性風險的發生與蔓延，保障金融穩定目標的實現。

10.2　政策建議

建議1：進一步推動匯率市場化改革，完善人民幣匯率制度，加強市場預期管理，保持長期匯率在均衡水準上的基本穩定，追求與最優貨幣政策目標相符合的匯率政策目標。

首先，完善匯率形成機制，提高人民幣匯率的市場化程度，使其更富彈性、雙向波動；提高人民幣匯率指數的公信力，鼓勵企業和機構更多參考和使用人民幣匯率指數，扭轉市場主要觀察人民幣兌美元雙邊匯率的習慣。允許匯

率有一個較寬的波動幅度，增強企業匯率風險管理和對外更多使用人民幣的意識，促進金融機構的匯率風險管理工具，以及全球範圍人民幣資產管理業務的創新。

其次，人民幣匯率制度應從管理浮動逐漸過渡到自由浮動，匯率政策目標的實現方式從直接干預為主轉向間接干預為主。市場套利行為可以促使匯率回歸長期均衡水準，央行應當退出常態化的直接干預，但要防止匯率過度波動對金融市場和實體經濟造成負面衝擊。要完善我國的管理浮動匯率制度，為本國實體經濟的轉型與發展贏得時間和空間。匯率管理應該努力實現三個目標：第一，匯率水準基本反映市場供求變化，充分發揮匯率調節國際收支、優化配置國內外資源的作用。第二，避免人民幣匯率大幅波動，為經濟金融穩定運行創造良好環境。第三，穩定人民幣匯率預期，加強與市場溝通，提高政府的公信力和政策效力。未來在資本帳戶有序開放的條件下，主要通過貨幣政策、財政政策和收入政策的合理搭配來維持長期匯率在均衡水準上的基本穩定。與此同時，在外匯市場出現投機性衝擊或危機來臨之際，保持必要的外匯干預和資本管制，加強技術性管理工具的運用，採取果斷和有效措施維持人民幣匯率穩定。這是防範金融危機蔓延和系統性金融風險產生的必要手段。

第三，匯率政策實施過程中必須重視國際政策溝通與協調。要密切關注美國宏觀政策的溢出效應，加強與美國政府的溝通，推動建立美元—人民幣匯率協調機制，降低過度的匯率波動對雙方經濟金融的負面影響。積極應對歐元區和日本的負利率政策，呼籲建立SDR籃子貨幣國家之間的貨幣政策協調機制，避免主要貨幣之間發生匯率戰，減少以鄰為壑效應。同時，也要考慮到中國貨幣政策和匯率政策對其他新興市場國家的溢出效應，既要優先考慮國內需要，又要通過適當的溝通與協調機制兼顧它們的利益訴求，減少政策摩擦，實現合作共贏。

建議2：不能冒進開放資本帳戶。重視跨境資本流動對國內金融市場價格聯動與風險傳染的影響，加強全口徑資本流動監測。中資銀行應當抓住機遇擴大跨國經營，同時要健全風險管理機制，避免成為外部衝擊的放大器或系統性

風險的導火索。

　　資本帳戶開放要與匯率制度改革相互配合，堅持「漸進、可控、協調」的原則，適應中國經濟金融發展和國際經濟形勢變化的需要。在國內金融市場尚未成熟、金融監管體系還不完善、應對跨境資本流動衝擊的方法有限且效果欠佳的情況下，不可貿然放開資本帳戶。正確認識短期內資本的淨流出態勢，以及跨境資本流動的「雙向」波動對我國經濟的影響。始終保持對資本帳戶的審慎監管，將資本流動衝擊風險維持在可承受的範圍之內。

　　在當前的新形勢下，外匯市場和資本市場、在岸市場和離岸市場之間的聯動性進一步加強，市場風險傳染性增加，應該高度重視大規模短期資本流動可能造成的系統性金融風險。掌握並利用資本市場收益率與匯率之間的聯動機制，加強貨幣政策和匯率政策之間的協調，增強政府對短期資本流動的駕馭能力。在資本流動管理中既要「節其流」，也要「開其源」，提高投機性資本流動的成本。必須密切監測資本流入的動向，對所有可能的途徑進行監測，以便在發生資本外流時制定有效的應對措施。鑒於QFII資金的進出是很多觀望資金的重要先導指標，必須運用大資料技術，增加高頻資料統計，加強對QFII的監測和引導。

　　人民幣加入SDR貨幣籃子為企業跨國投資創造了更好的條件，中資銀行應當抓住機遇加快國際化步伐，為「走出去」的中國企業提供全方位的金融服務，幫助它們在國際市場站穩腳跟、樹立品牌；要根據自身特色以及外部環境，制定和調整經營發展方向及策略，豐富相關產品和服務的種類，實現收入結構的多元化，在國際金融市場提升核心競爭力，增加中國金融機構的國際影響力。由於境外經營環境更加複雜、風險更大，需要中資銀行培育風險文化，樹立正確的績效觀念，建立覆蓋境內外業務的完善的風險執行資訊系統，規範境外業務經營，避免操作風險。政治風險和合規風險是銀行跨國經營面臨的突出問題，要儘早制定金融機構跨國經營的法律法規，建立健全海外投資保險機制，監管部門要提高銀行的資本充足率和流動性監管標準，加強跨境金融監管合作，為中資銀行國際化保駕護航，避免外部風險損失產生放大效應，進而損

害銀行的穩健經營、動搖國內金融體系安全運行的基礎，甚至引發國內系統性金融危機。

建議3：針對目前多頭監管存在的政出多門、職權交叉、責任不明、嚴寬不一等問題，應充分借鑒國際經驗，明確當前我國金融監管改革的原則，構建符合中國實際的宏觀審慎政策框架，為加強系統性風險管理提供制度保障。

要在現行金融監管框架當中增加「宏觀審慎」維度，並明確宏觀審慎政策的具體實施部門。危機以來，各國的監管改革以增加現行監管框架的宏觀審慎維度為主，加強系統性風險監測、評估和防範，並以專門委員會或者審慎監管局等不同方式明確了實施宏觀審慎政策的具體部門。

除了維護貨幣穩定之外，央行應當被賦予更多的保障金融穩定和加強金融監管的職能。危機之後，主要經濟體將防範系統性風險、保障金融穩定作為監管體制改革的核心目標，強化中央銀行金融穩定和金融監管的功能，進一步推動宏觀審慎監管改革及其與宏觀經濟政策的協調。

要從功能和機制上厘清貨幣政策、宏觀審慎、微觀審慎和行為監管四者之間的關係，並加強相互之間的協調配合。這已然成為各國金融監管體制改革的主要工作。具體做法包括將貨幣政策、宏觀審慎、微觀審慎統歸央行的大央行模式，成立金融穩定監督委員會並加強央行金融監管職能的「委員會＋強化版央行」模式以及「審慎監管＋行為監管」的雙峰監管模式等。

要全面提高金融資料的可獲得性和準確性，為系統性風險的監測、分析和評估提供全面、及時的資訊。金融穩定理事會、國際貨幣基金組織、國際清算銀行、世界銀行以及主要經濟體正通過強化央行職能、修訂法律框架、完善統計制度以及擴大統計範圍等方式，加強資料和資訊可得性並促進各類金融資訊的共用與協調。

還要致力於建立有效的危機處置機制並加強金融消費者保護。從主要經濟體的監管改革來看，美聯儲和聯邦存款保險公司共同負責美國系統性風險處置；英國的金融危機處置當局是英格蘭銀行，負責制定金融機構處置策略；歐盟通過構建歐洲銀行業聯盟的方式，將銀行業監管、處置和存款保險機制進行

合併。此外，部分國家也成立了專門的機構，以進一步加強對於金融消費者的保護。例如，美聯儲通過設立獨立的消費者金融保護局，統一行使消費者權益保護的職責。

　　建議4：加強全球人民幣離岸市場建設，構建人民幣「國際大循環」通道，積極推動人民幣在多邊國際金融機構中的使用，擴大人民幣交易規模，確立人民幣在國際金融市場的網路效應。

　　充分利用人民幣國際化快速推進的時間視窗，積極發展人民幣離岸市場，提供更多投資工具和投資管道，滿足不斷增長的貿易和投資實際需求。加強建設人民幣資金的自我循環機制，為離岸市場發展提供足夠的流動性。通過某些特別的政策安排，促進離岸市場和在岸市場相互協調，建立在岸價格引導離岸價格的機制。

　　人民幣回流機制的安排為香港和上海提供了很多新的歷史機遇。兩地可以圍繞這條主線根據各自的優勢和需求，積極開展更深層次的合作，互補互動，形成良性循環機制，共同推進人民幣國際化進程。在構建人民幣「國際大循環」機制時，目前應以香港為中心，通過滬港通培育人民幣國際資本市場，建立資本項下的人民幣海外循環機制。從更廣闊的視角看，要致力於構建大陸、臺灣、香港、澳門大中華貨幣區，將人民幣周邊化作為階段性的戰略選擇。

　　加強歐洲主要國際金融中心的人民幣離岸市場建設。推動國內證券、商品交易所與法蘭克福、盧森堡和倫敦交易所的合作，重點推出人民幣國際債券、股票、基金、結構型證券等金融產品，以及人民幣標價的黃金、石油等大宗商品期貨，充分利用當地的行銷管道，擴大人民幣產品的交易規模，加速形成人民幣網路效應，推動人民幣離岸金融市場向縱深方向發展。

　　人民幣加入SDR貨幣籃子後，國際社會對中國發揮大國作用的期待更高，對人民幣發揮國際貨幣功能的需求也會增加。通過亞投行、絲路基金、人民幣跨境支付系統的務實、高效運作，引領國際資本支援「一帶一路」重大項目建設，增加人民幣的國際使用。以此為契機，中國應該更加積極地參與國際金融治理，在國際貨幣基金組織、世界銀行、國際清算銀行等國際金融組織的政策

制定和協商談判中發揮更大的作用，提高在國際金融體系改革中的話語權。

建議5：明確供給側改革的抓手，內外推動技術進步，堅持金融服務實體經濟，防止泡沫化和虛擬化，促進人民幣國際化與供給側改革的良性互動。

供給側改革是培育中國經濟增長新動力、建立經濟可持續發展新結構的必由之路。應該在供給側改革中確立三個抓手，並有所建樹。第一，增加研發投入，加大海外併購，內外並舉提升技術水準。供給側改革的一大核心任務是補短板，補短板應該從內外兩個方向齊頭並進。對內通過加大研發投入進行制度改革，鼓勵企業發展科技和創新能力，提高全要素生產率，增強中國製造的核心競爭力。對外鼓勵企業「走出去」，加大對發達國家高端製造業的併購，增加高技術的供給。第二，重視金融結構調整，拓寬融資管道，降低資金成本，強化金融服務實體經濟的功能，防止金融「脫實就虛」甚至泡沫化。應該大力發展要素市場，更多地運用利率槓桿來調節資金供求關係，提高資源配置的經濟效率；促進金融開放和創新，在風險可控的情況下鼓勵企業境外融資，利用境外市場利率較低的優勢，幫助高負債企業去槓桿，大幅降低資金成本，提高企業的活力和競爭力。加快金融機構國際化步伐，為「走出去」的企業、為我國的跨國公司提供全方位金融服務，幫助它們拓展海外市場，增強它們在國際分工中的地位和影響力，使其在貿易活動中有更大的主導權和話語權。第三，金融手段與財政措施協調配合，鼓勵民營企業進行直接投資，利用國內外兩個市場優化生產要素配置。一方面，必須加強企業的品牌建設與管理，滿足國內對高品質生活用品、奢侈品的消費需求，逐步實現進口替代；另一方面，合理設計外援模式，有效進行PPP模式的海外擴展，幫助企業進行國際產能合作，延長傳統優勢產品的生命週期，提高全要素經濟效率。

中國必須毫不動搖地堅持金融為實體經濟服務、人民幣國際化為實體經濟服務的指導思想。人民幣國際化的長足進步，有利於國際社會增加對中國的信心和投資動機，並為中資企業使用人民幣對外投資提供便利性和收益穩定性。尤其是可以改變大宗商品使用美元計價結算的習慣，使中國經濟獲得更加穩定的物資供應模式。鑒於「一帶一路」沿線國家使用人民幣的意願大幅提高，中

國可與中東、中亞國家以及俄羅斯等國家推動雙邊原油貿易以人民幣計價、結算，將上海國際能源中心推出的原油期貨價格發展成為繼WTI、布倫特之外的又一原油基準價格，提升包括中國在內的這些國家的原油定價權。

附錄1

入籃後日圓國際化的經驗

　　布列敦森林體系瓦解後，伴隨著浮動匯率體系的形成，國際貨幣體系逐漸由單極結構向多元化結構演變。隨後的幾年時間，日圓的國際化進入了初始的朦朧階段。1981年，日圓被納入SDR五國貨幣籃子中，標誌著日圓國際化進程正式拉開序幕。

　　日圓國際化進程是伴隨著日本經濟實力的崛起而逐步實現的（見附圖1—1）。20世紀70年代初日本就超越德國成為世界第二大經濟體。80年代更是日本經濟騰飛的時代。這一時期日本經濟保持了高速發展並且相比較其他發行國際貨幣的國家，日本國內通貨膨脹情況良好，物價穩定。但伴隨著《廣場協議》後日圓的急劇升值，日本的經濟泡沫迅速積累，房地產泡沫的破滅進一步拖垮了日本經濟，使其從90年代中期開始進入衰退期，隨之日圓國際化也宣告失敗。

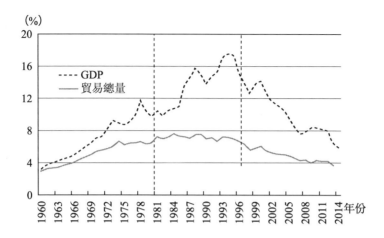

附圖1－1　日本經濟占全球經濟總量的比重圖

資料來源：World Bank.

下面將從三個維度來展示加入SDR貨幣籃子後日圓參與全球資產配置的歷史進程，即：商品市場的跨境貿易結算，金融市場和資本市場的資金配置，以及儲備資產配置。

一、加入SDR並未顯著推進日圓在商品市場跨境貿易結算中的發展

Goldberg and Tille（2005）從理論和實證兩個方面研究了產業特徵與結算貨幣選擇之間的相互影響效應，並得出結論認為對於需求價格彈性較高的產品，在國際貿易市場中已經形成了一種單一貨幣計價的羊群效應，即廠商傾向於使用同競爭者相同的結算貨幣選擇策略，以最大可能地減少需求風險。[1] 初級產品和金融產品最大的特徵就是同質性較強、產品差異化程度較低、需求價格彈性大並且都在競爭性非常強的國際貿易、金融市場中進行交易，這就必然導致了單一貨幣模式的產生，因為各國企業都會選擇交易成本最低、使用範圍最廣的貨幣進行計價結算，久而久之就會形成單一貨幣的結算模式，如當前在初級市場中占據主導地位的美元。在目前的幾大國際貨幣中，日圓的國際交易

1　Goldberg, L.M., Tille, C. "Vehicle Currency Use in International Trade," Federal Reserve Bank of New York Staff Reports, No.200, Jan., 2005.

媒介職能發展明顯滯後。

　　從附表1—1可以看出，日圓在其本國進出口貿易結算中所占的比例遠遠低於美元、英鎊、德國馬克在美國、英國和德國進出口貿易結算中所占的比例。在日本的出口中，1995年美元結算額的比重達到52.2%，也是除了美國以外以美元結算比例最高的國家，進口貿易中美元占比更是達到70.2%（見附圖1—2）。

附表1—1　1995年主要國際貨幣在相應國家貿易結算中的占比（%）

國家	美元	日圓	德國馬克	法郎	英鎊	義大利里拉	荷蘭盾	其他
出口								
美國	92.0	2.4	0.9	0.6	0.9	0.3	0.6	2.3
日本	52.2	36.0	2.4	0.7	1.4	0.3	0.9	5.8
德國	9.5	0.9	74.7	3.2	2.6	2.2	1.3	5.6
法國	18.6	1.0	10.5	51.7	4.2	3.1	1.5	9.4
英國	23.1	1.1	4.0	3.1	61.6	1.6	2.3	3.0
義大利	21.0	0.6	18.0	8.0	3.5	40.0	1.5	7.4
荷蘭	20.6	0.6	18.5	4.5	4.1	1.5	43.8	6.4
進口								
美國	80.7	2.8	3.8	0.9	1.7	0.8	0.3	9.0
日本	70.2	22.7	2.7	1.0	1.3	0.8	0.3	1.0
德國	19.5	1.4	51.5	2.5	1.7	1.0	0.9	21.5
法國	23.1	1.0	10.1	48.5	2.9	3.7	1.4	9.3
英國	24.6	2.0	11.1	4.6	43.0	1.8	2.5	10.7
義大利	29.0	1.0	14.0	7.0	3.8	37.0	2.4	5.8
荷蘭	25.4	1.3	17.5	2.8	3.4	1.0	42.8	5.8

　　資料來源：Bekx, P., "The Implications of the Introduction of the Euro for nonEU Countries," Euro Papers No.26, European Commission, 1998.

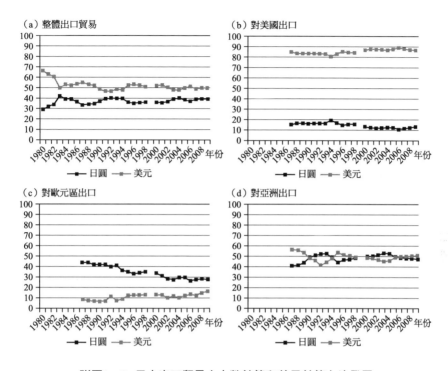

（a）整體出口貿易

（b）對美國出口

（c）對歐元區出口

（d）對亞洲出口

附圖1—2　日本出口貿易中本幣結算和美元結算占比發展

資料來源：Takatoshi, I., Kiyotaka, S., and Junko, S., "Determinants of Currency Invoicing in Japanese Exports: A FirmLevel Analysis," RIETI Discussion Paper, 10E034, June 2010.

二、加入SDR推動日圓在國際金融市場和資本市場中的發展

　　20世紀70年代以來，龐大的貨幣交易額與金融產品交易規模逐漸與物質產品的生產和流通脫鉤，世界資本運動的主體也開始發生轉移，世界資本也因此進入了一個嶄新的時代——「虛擬資本主義」時代。金融擴張也成為20世紀70年代初以來世界經濟的主要特徵，虛擬經濟的規模隨著經濟全球化的不斷深入日益擴大，其與實體經濟之間的位移也越來越遠。虛擬經濟最大的特點就是金融工具的市場價值脫離了金融工具的自身價值，金融工具的交易形成了相對獨立於實體經濟的運動體系，貨幣在虛擬經濟發展的過程中起著舉足輕重的作用，外匯交易和資本市場的發展也逐漸從實體經濟的運行中脫離出來，並且交易規模日益擴大，對世界經濟的影響力也逐漸超過了實體經濟。

日圓正是在這樣的背景下進入了布列敦森林體系之後的多元國際貨幣體制中，同德國馬克、法國法郎、英鎊一起成為僅次於美元的第二梯隊國際貨幣，1981年日圓加入SDR之前，日圓國際化僅處在啟蒙階段，日圓在外匯市場和資本市場中的交易規模都極其有限，但是1981年日圓加入SDR五國貨幣籃子後，日圓在金融市場中的交易額顯著提升，根據1989年9月美聯儲、英格蘭銀行和日本銀行發佈的一份調查報告中的統計資料可以看出（見附表1—2），1981年日圓加入SDR五國貨幣籃子後，2年後在紐約外匯市場中日圓的交易規模相比較加入前上升了115.7%，8年後進一步上升了147.1%。相對而言，德國馬克在加入SDR五國貨幣籃子前後在紐約外匯市場中的交易規模表現比較穩定，加入SDR未對德國馬克在外匯市場中的資產配置產生顯著推動作用。但是從日圓在東京外匯交易市場的資料可以看出，從20世紀80年代末開始，日圓交易出現疲軟態勢，1986—1989年期間，日圓交易規模占比從38.5%下降至36%，下降幅度為6.4%，進入90年代後，日圓在全球外匯市場中的交易規模逐漸萎縮，同時東京外匯市場的交易規模占比也迅速下降，至1998年更是從1989年的15.5%下降至6.9%（見附表1—3）。

附表1—2　主要外匯市場中貨幣交易量占總交易量比重（%）

	紐約				倫敦		東京	
	1980年3月	1983年4月	1986年3月	1989年4月	1986年3月	1989年4月	1986年3月	1989年4月
對美元交易								
德國馬克	31.8	32.5	34.2	32.9	28.0	22.0	10.4	9.7
日圓	**10.2**	**22.0**	**23.0**	**25.2**	**14.0**	**15.0**	**77.0**	**72.1**
英鎊	22.7	16.6	18.6	14.6	30.0	27.0	3.0	4.3
瑞士法郎	10.1	12.2	9.7	11.8	9.0	10.0	5.6	4.4
法國法郎	6.9	4.4	3.6	3.2	4.0	4.0	0.3	0.2
其他	18.3	12.1	10.9	12.3	12.0	13.0	3.7	3.2
交叉貨幣交易	—	0.2	—	—	3.0	9.0	—	6.1

　　資料來源：BIS：《外匯市場和衍生品市場活動的央行調查報告（1990－2005）》；Tavlas and Ozeki（1992）。

附表1—3　日圓交易及東京外匯市場交易占全球外匯交易的比重（％）

	1970	1975	1989	1992	1995	1998	2001	2004
日圓交易	0.0	0.5	13.5	11.7	12.1	10.1	11.4	10.1
東京外匯市場交易	—	—	15.5	11.2	10.2	6.9	9.1	8.2

資料來源：BIS：《外匯市場和衍生品市場活動的央行調查報告（1990－2005）》；Takagi, S., "Internationalising the Yen, 19842003: Unfinished Agenda or Mission Impossible?" prepared for BIS/BoK seminar on Currency Internationalization: Lessons from the Global Financial Crisis and Prospects for the Future in Asia and the Pacific, Seoul, 1920, March 2009.

　　從附表1—4可以看出，加入SDR五國貨幣籃子後，日圓資產在國際債券市場中也出現了一輪快速發展，1975年國際債券市場中日圓資產占比僅為0.4%，但1981年該比重已經變為6.6%（見附圖1—3），這期間日圓債券的快速發展一方面得益於日本經濟的快速發展和日圓國際化水準的提高，一方面也是由於日本國內股票市場持續低迷給企業融資造成了很大困難，迫使企業去海外尋求融資空間，大量日圓債券的投資者都投資於日本企業的海外分公司。此外，從附表1—5可以看出，雖然日圓加入SDR五國貨幣籃子顯著推動了日圓債券的發展，但是相對而言，歐洲日圓債券的發行增長更快，1980—1984年，非居民發行的歐洲日圓債券規模上升了3倍多。但是日圓在債券市場中的發展在20世紀90年代中後期開始迅速衰退，至1997年時國際債券發行中日圓占比已經不足5%（見附圖1—3）。

附表1—4　國際債券發行中各貨幣占比（％）

	1975	1980	1985	1986	1987	1988	1989	1990	1991
美元	50.6	42.7	54.0	53.9	38.8	41.2	52.0	37.9	28.5
日圓	**0.4**	**4.8**	**9.1**	**10.4**	**13.7**	**8.4**	**8.3**	**13.3**	**12.6**
英鎊	0.2	3.0	4.0	4.6	7.8	9.4	7.1	8.6	9.1
瑞士法郎	17.1	19.5	11.3	10.7	12.9	11.1	7.5	9.4	7.3
德國馬克	16.4	21.9	8.5	8.0	8.0	10.1	6.3	7.4	7.1
ECU	—	—	5.2	3.4	4.0	4.9	4.9	8.1	11.1
其他	15.3	8.1	7.9	9.0	14.8	14.9	13.9	15.3	24.3

資料來源：BIS：《外匯市場和衍生品市場活動的央行調查報告（1990－2005）》；OECD, Financial Market Trends, Various Issues, 19811998。

附表1—5 歐洲日圓債券和武士債券發行情況　　　　　　　　　　　　　　　　單位：10億日圓

發行主體	1980	1984	1985	1986	1987	1988	1989
歐洲日圓債券							
非居民	55	227	1 446	2 551	2 994	2 213	3 558
居民	—	—	140	442	555	127	—
武士債券							
公共部門	261	915	1 115	590	420	635	926
私人部門	—	199	157	195	78	162	74

資料來源：Nomura Research Institute, Ministry of Finance, Japan.

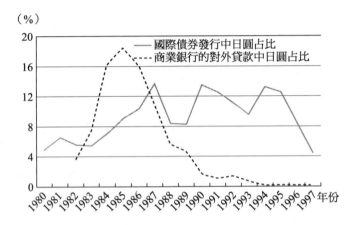

附圖1—3　日圓參與全球金融資產配置發展演變

資料來源：OECD, Financial Market Trends, Various Issues, 19811998.

　　20世紀70年代的國際貸款幾乎都是美元，日圓所占比重微乎其微，進入80年代後，日圓貸款規模迅速攀升，尤其是在東亞國家的外部貸款中，日圓在韓國、泰國、馬來西亞、印尼和菲律賓等五國對外貸款總額中所占的比重從1980年的19.5%上升至1990年末的37.9%（見附表1—6），雖然這個時期處於日本商業銀行的海外擴張期，而且1985年《廣場協議》的實施導致日圓對美元快速升值和日圓資產規模的膨脹，但日圓1981年加入SDR五國貨幣籃子所帶來的積極效應是不可忽視的，市場對日圓需求的上升帶動日圓在全球資產配置中份

額的不斷提升，但是這個趨勢也沒有延續太久，80年代後期開始日圓貸款迅速縮水，至1997年，日圓貸款在全球商業銀行對外貸款中所占的比重已經下降到0.2%。

附表1—6　日圓和美元在東亞主要國家對外貸款中的權重分配（%）

	1980	1981	1982	1983	1984	1985	1986	1987	1988	1989	1990
印尼											
日圓	20.0	19.3	21.0	23.3	25.0	31.7	33.9	39.4	39.3	35.2	39.3
美元	43.5	44.4	43.1	42.3	41.4	30.7	26.0	19.2	18.5	19.5	18.5
韓國											
日圓	16.6	14.1	12.3	12.5	12.8	16.7	22.0	27.2	29.5	26.6	29.5
美元	53.5	60.2	63.7	64.4	66.0	60.3	49.4	33.8	32.4	35.1	32.4
馬來西亞											
日圓	19.0	16.9	13.3	14.2	21.2	26.4	30.4	35.7	37.1	36.6	37.1
美元	38.0	51.5	62.3	65.8	61.5	50.6	45.0	36.3	35.6	34.2	35.6
菲律賓											
日圓	22.0	20.6	19.2	20.0	20.0	24.9	25.5	35.2	40.5	32.6	40.5
美元	51.6	51.1	53.9	51.2	52.7	47.8	48.1	42.4	34.7	36.9	34.7
泰國											
日圓	25.5	23.2	24.0	27.3	29.2	36.1	39.9	43.1	43.5	40.9	43.5
美元	39.7	40.5	38.0	32.5	29.9	25.5	20.6	17.8	20.8	23.6	20.8
均值											
日圓	19.5	17.8	17.2	18.5	20.3	25.8	29.3	36.0	37.9	35.7	37.9
美元	47.3	51.3	53.4	53.2	52.9	44.7	38.5	29.0	27.0	28.1	27.0

資料來源：World Bank, Tavlas and Ozeki（1992）.

三、加入SDR顯著提升了日圓在國際儲備資產中的配置

相比較交易媒介職能和金融市場計價職能，日圓的價值貯藏職能在其加入SDR五國貨幣籃子後體現得更加明顯，由附表1—7可以看出，1980年之前日圓

在全球外匯儲備中所占份額幾乎為零，1980—1991年是日圓國際儲備職能發展最迅速的階段，1991年日圓在全球外匯儲備中所占的份額達到8.5%，在亞洲國家的外匯儲備資產中日圓規模的擴展更加迅速，尤其是《廣場協議》之後，日圓在亞洲國家外匯儲備中的份額一度達到30%，這一方面是由於亞洲國家的對外貿易過分依賴日本市場；一方面是由於《廣場協議》後日圓的快速升值迫使亞洲國家日圓債務負擔增加，出於規避外匯風險的考慮，它們不得不增加日圓外匯儲備資產的配置。進入90年代後，隨著日本經濟進入「失去的十年」，日圓進入SDR五國貨幣籃子所帶來的積極效應逐漸消失，日圓在全球外匯儲備資產中的地位開始下降，目前日圓資產在全球外匯儲備中所占份額已經縮水至不足4%，且低於英鎊（見附圖1—4）。

附表1—7　全球外匯儲備中的貨幣資產配置結構（%）

	1970	1975	1980	1981	1982	1983	1984	1985	1986	1987	1988	1989	1990
全球													
美元	77.2	79.5	68.6	71.5	70.5	71.4	70.1	64.9	67.1	67.2	64.9	60.3	56.4
日圓	**0.0**	**0.5**	**4.4**	**4.2**	**4.7**	**5.0**	**5.8**	**8.0**	**7.9**	**7.0**	**7.1**	**7.3**	**8.0**
德國馬克	1.9	6.3	14.9	12.3	12.4	11.8	12.7	15.2	14.6	14.4	15.7	19.1	19.7
英鎊	10.4	3.9	2.9	2.1	2.3	2.5	2.9	3.0	2.6	2.4	2.8	2.7	3.2
法國法郎	1.1	1.2	1.7	1.3	1.0	0.8	0.8	0.9	0.8	0.8	1.0	1.4	2.1
瑞士法郎	0.7	1.6	3.2	2.7	2.7	2.4	2.0	2.3	2.0	2.0	1.9	1.5	1.5
其他	8.7	7.0	4.3	5.9	6.4	6.1	5.7	5.7	5.0	6.2	6.6	7.7	9.1
亞洲													
美元	—	—	48.6	54.4	53.2	55.7	58.2	44.8	48.4	41.2	46.7	56.4	62.7
日圓	—	—	**13.9**	**15.5**	**17.6**	**15.5**	**16.3**	**26.9**	**22.8**	**30.0**	**26.7**	**17.5**	**17.1**
德國馬克	—	—	20.6	18.9	17.6	16.7	14.6	16.4	16.7	16.7	17.4	15.2	14.2

續前表

	1970	1975	1980	1981	1982	1983	1984	1985	1986	1987	1988	1989	1990
英鎊	—	—	3.0	2.5	2.7	2.9	3.5	4.1	3.6	3.9	4.2	6.4	4.9
法國 法郎	—	—	0.6	0.6	0.7	0.8	0.6	0.9	1.1	1.0	0.5	0.5	0.2
瑞士 法郎	—	—	10.6	5.1	5.6	6.6	4.9	4.9	5.1	5.7	3.4	3.0	0.5
其他	—	—	2.7	3.0	2.6	1.8	1.9	2.0	2.3	1.5	1.1	1.0	0.4

資料來源：IMF年報。

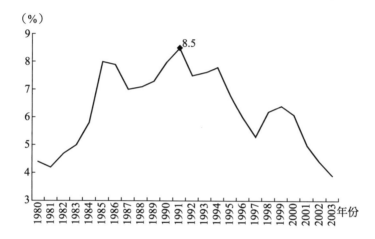

附圖1—4　日圓在全球外匯儲備資產中的占比

資料來源：IMF年報。

附錄2

交通銀行匯率風險管理

一、新形勢下匯率管理的多元化需求

2015年8月11日，中國人民銀行決定進一步完善人民幣兌美元匯率中間價報價，增強其市場化程度和基準性。當日開盤，人民幣兌美元匯率中間價較上一個交易日大幅下調1 136個基點，跌幅接近2%，隨即人民幣即期匯率和離岸人民幣匯率也出現下跌。9月1日，中國人民銀行下發《關於加強遠期售匯宏觀審慎管理的通知》（銀發〔2015〕273號），要求對開展代客遠期售匯業務的金融機構收取外匯風險準備金。進入2016年，人民幣匯率波動進一步增強，1月7日人民幣匯率中間價位6.564 6，創近五年新低。

對於上述市場和政策的變化，客戶對人民幣匯率的預期出現了一定分化，客戶對匯率管理也出現多元化的需求。部分原本無風險對沖意識的客戶意識到匯率方面風險和機會並存；部分風險對沖意識強烈、制度完善的客戶有效鎖定了風險，更加堅定了其風險對沖的經營習慣；部分客戶由於市場方向逆轉產生了一定的虧損，對於未來趨勢研判和新形勢下新產品的需求更加強烈。

二、交通銀行對客匯率風險管理服務

交通銀行一貫致力於為客戶提供全方位的財富管理和風險管理方案。面對多元化的客戶匯率風險管理需求，交通銀行結合不同類別客戶特點提供創新金融服務。

（1）針對原本無風險對沖意識的客戶，交行從注重培育客戶風險意識入

手，正確灌輸其財務中性的理念，無論是遠期售匯還是遠期結匯目的都主要在於鎖定風險。全面向客戶介紹交行豐富的即期結售匯、遠期結售匯、掉期結售匯、期權及組合等匯率工具，並且注重通過基礎工具簡單明瞭地幫助其管理匯率風險。

（2）針對已有一定的風險對沖和套保意識的客戶，交行緊密結合客戶經營特點，做好新形勢下結售匯、外匯交易業務與客戶融資、理財需求的組合服務方案。利用自貿區擴區、「一帶一路」、金融支援企業「走出去」等有利政策，結合交行全球網路佈局和「綜合銀團」、「離岸帳戶併購貸款」、「跨境融資」、「應收租金保理」自貿區特色產品，為貿易背景真實的客戶設計跨境金融和匯率風險綜合服務方案。

（3）流程創新、管道創新。近年來，交行積極宣導「一個交行，一個客戶」的服務理念，通過系統開發、管道創新、流程優化提升客戶體驗，整合產品、人才、定價、品牌等要素形成綜合實力，以「服務實體經濟，便利跨境交易」為指導，堅持流程、管道、服務創新為企業提供匯率風險管理產品，如企業網銀結匯產品，幫助企業在快速變化的市場中通過網銀便捷結匯，以專業創造價值。

三、交通銀行自身匯率風險管理

在為客戶提供匯率風險管理產品和方案的同時，交通銀行作為一家穩健經營的股份制商業銀行，一直以來持續關注自身的風險管理和合規經營。

（1）正確落實監管意圖。目前中國經濟發展雖然增速放緩，但仍穩中向好，雖然一段時間內面臨資本流出壓力，但總體可控。國家推行的宏觀審慎管理系列措施將有助於正確引導市場預期、規範市場行為。對此，交行堅持做好價格傳導，正確引導客戶將監管政策意圖落實到位。

（2）增強大局意識，切實履行真實性審核責任，積極適應新形勢下的監管要求，在向企業提供結售匯便利化服務的同時，嚴格履行代位監管職責，實現業務發展和風險把控的均衡良性發展。

（3）加強內控機制建設和政策培訓，提高內部管理的保障能力。同時，

強化問責、考核和監督機制建設，提高遵守外匯政策的自覺性和主動性。交行要求各分支機構強化業務風險管理，在對客報價時充分考慮價格市場波動加劇因素，合理報價。同時，嚴格落實遠期、掉期、期權等業務保證金，做好交易盯市等業務風險防控工作，嚴密監測市場動向和客戶大額頭寸異常情況，加強外匯業務的真實性和合規性審核。

附錄3

資本流動影響我國金融市場聯動性的實證研究

一、變數定義

　　該部分將主要分析淨資本流入、離在岸人民幣匯價差、滬深300指數收益率、離岸人民幣與美元利差和股權融資融券餘額五個變數之間的動態關係。我們將先對變數進行資料定義，再引入脈衝回應函數和VAR—MGARCH—DCC模型進行分析。

　　因為需要研究跨境資本流動和中國股市波動，首先我們將本地定義為美國，本地投資者定義為持有本幣美元的投資者。假定本地投資者於 t 時刻投資中國A股市場，並於 $t+1$ 時刻賣出，將該時間段投資者的超額收益率記為R_t，則R_t可以用對數形式表示為：

$$R_t = \ln \frac{\dfrac{P_{t+1}}{e_{CNY,t+1}}}{\dfrac{P_t}{e_{CNY,t}}} - r_{USD,t}$$

　　式中，P_t表示 t 時刻的中國A股市場資產價格；$e_{CNY,t}$表示 t 時刻的中國在岸人民幣（CNY）和美元（USD）的匯率（直接匯率標價法）；$r_{USD,t}$表示

t 時刻的美元無風險利率。由此可見，$\dfrac{P_t}{e_{CNY,\,t}}$ 為 t 時刻以美元計價的中國資產價格，$\dfrac{P_{t+1}}{e_{CNY,\,t+1}}$ 為 $t+1$ 時刻以美元計價的中國資產價格，兩者相比之後取對數便是持有美元的投資者投資於中國資本市場的對數收益率。再減去美元的無風險利率 $r_{USD,\,t}$，就可以得到該投資策略領導超額對數收益率。

接下來，為了實現變數分離，我們將 R_t 分解為三部分：

$$R_t = \ln P_{t+1} - \ln P_t - r_{CNY,\,t} - \ln e_{CNY,\,t+1} + \ln e_{CNY,\,t} + \ln e_{CNH,\,t+1}$$
$$- \ln e_{CNH,\,t} - r_{CNH,\,t} + r_{CNY,\,t} - \ln e_{CNH,\,t+1} + \ln e_{CNH,\,t} + r_{CNH,\,t} - r_{USD,\,t}$$

式中，$r_{CNY,\,t}$ 表示 t 時刻在岸人民幣CNY的利率；$r_{CNH,\,t}$ 表示 t 時刻離岸人民幣CNH的利率；$e_{CNH,\,t}$ 表示 t 時刻中國離岸的匯率（直接匯率標價法）。

為了表示A股以人民幣計價的收益率、離在岸人民幣匯價差和無拋補利率平價，我們分別定義三個變數，如下式：

$$Equity_t = \ln P_{t+1} - \ln P_t - r_{CNY,\,t}$$

$$Spread_t = -\ln e_{CNY,\,t\,t+1} + \ln e_{CNY,\,t} + \ln e_{CNH,\,t\,t+1} - \ln e_{CNH,\,t} - r_{CNH,\,t} + r_{CNY,\,t}$$

$$UIP_t = -\ln e_{CNH,\,t+1} + \ln e_{CNH,\,t} + r_{CNH,\,t} - r_{USD,\,t}$$

那麼，根據前面的分解式，R_t 可以表示為：

$$R_t = Spread_t + Equity_t + UIP_t$$

$Equity_t$、$Equity_t$、UIP_t 的具體意義如下：

$Equity_t = \ln P_{t+1} - \ln P_t - r_{CNY,\,t}$，表示中國資本市場以人民幣計價的超額收益率。$\ln P_{t+1} - \ln P_t$ 是中國資本市場的對數收益率，$r_{CNY,\,t}$ 是中國在岸市場資金的無風險收益率，兩者相減，得到中國資本市場的超額收益率。

$Spread_t = -\ln e_{CNY,\,t+1} + \ln e_{CNY,\,t} + \ln e_{CNH,\,t+1} - \ln e_{CNH,\,t} - r_{CNH,\,t} + r_{CNY,\,t}$，表示在岸人民幣和離岸人民幣的利差。利差由兩部分構成：匯率變動和利率差。$e_{CNY,\,t}$ 為在岸人民幣兌美元的匯率，$e_{CNH,\,t}$ 為離岸人民幣兌美元的匯率，那麼我們可以套算出在岸人民幣兌離岸人民幣的匯率為 $1\,CNH = \dfrac{e_{CNY,\,t}}{e_{CNH,\,t}}\,CNY$。由此，匯率變動就可以通過對數形式表示為（$\ln e_{CNY,\,t+1} - \ln e_{CNH,\,t+1}$）－（$\ln e_{CNY,\,t} - \ln e_{CNH,\,t}$），利率差為 $r_{CNH,\,t} - r_{CNY,\,t}$。將兩部分加起來，便可以得到 $Spread_t = -$

$\ln e_{CNY,t+1} + \ln e_{CNY,t} + \ln e_{CNH,t+1} - \ln e_{CNH,t} - r_{CNH,t} + r_{CNY,t}$，表示一個持有離岸人民幣的投資者將貨幣兌換為在岸人民幣所帶來的收益，即在岸人民幣和離岸人民幣的利差。

$UIP_t = -\ln e_{CNH,t+1} + \ln e_{CNH,t} + r_{CNH,t} - r_{USD,t}$，表示離岸人民幣和美元的利差。$\ln e_{CNH,t+1} - \ln e_{CNH,t}$是匯率變動通過對數形式的運算式，$r_{USD,t} - r_{CNH,t}$為利率差。兩部分加起來便是離岸人民幣和美元的利差，即離岸人民幣和美元間套息交易的收益，被稱為無拋補利率溢價（uncovered interest rate premium）。無拋補利率溢價是無匯率對沖情況下國際資產組合回報中重要的組成部分，其背後的風險因素包括主權國違約風險等。

對於中國的情況，有學者認為公司股權融資融券餘額（Equity Finance Balance，EFB）也是對中國資本市場證券價格產生影響的一個重要因素，這是由於A股市場中的流動性在很大程度上主導了短期價格趨勢。因此，這裡我們通過滬深兩市融資融券餘額的總和來表示企業由於EFB的不同而產生的影響。具體定義EFB為：

$EFB_t = \ln Margin_{t+1} - \ln Margin_t$

式中，$Margin_t$為 t 時刻的融資融券餘額，EFB_t表示在從 t 時刻到 $t+1$時刻，融資融券餘額的淨增長率。當EFB_t為正數時，融資融券餘額上漲，意味著投資於Equity的資金變得更多；當EFB_t為負數時，融資融券餘額下降，意味著投資於Equity的資金變得更少。

綜上，該部分共選擇了五個變數，分別是*Flow*、*Spread*、*Equity*、*UIP*、*EFB*，分別表示中國資本市場淨跨境資本流入量、在岸人民幣和離岸人民幣利差、中國資本市場超額收益率、離岸人民幣和美元套息交易收益率、融資融券餘額淨增長率。筆者認為，這五個因素可以有效地衡量中國股權流動和股權市場之間的相互影響關係。鑒於經濟理論通常並不足以對變數之間的動態聯繫提供一個嚴密的說明，而且內生變數既可以出現在方程的左端，又可以出現在方程的右端，使得估計和推斷變得更加複雜，後面將對這五個變數通過變形後的向量自回歸模型進行建模分析。

二、資料描述

在上述變數的資料選擇中，短期跨境資本流動資料來自EPFR Data，具體的操作方法是：選擇非中國基金到中國的Equity Country Flow，表示每日流入中國的淨資本流入。EPFR算出每一個基金每日資金規模的淨變動量，並計算每個基金投資到不同國家或地區的比例，再進行加總，得到投資於某一國家的每日資金增量。本章計算的是非中國大陸的基金投資於中國市場的權益類基金的資金增加，可以視為投資於中國A股市場上的淨資本流動量。

滬深兩市兩融餘額來自Wind資訊、USD Libor、CNY Shibor、CNH Hibor、USD/CNY、USD/CNH、CSI300（用來表示股市價格），資料來自Bloomberg。資料所覆蓋的區間是2013年6月25日—2016年1月28日，在去除無效點後，共有612個樣本。

在單位選擇上，短期跨境資本流動的單位是10億美元，其餘均是百分比。

三、資料分析

附表3—1描述了樣本中資料的均值、標準差、最小值、中位數和最大值。如前所述，Flow是EPFR統計的每日非中國基金投資於中國A股市場的資金流的總和，Spread表示中國和美國的利差，Equity表示資本市場的超額收益，UIP表示套息交易的收益，EFB表示兩融資金的變化率。

附表3—1　描述統計

變數	均值	標準差	最小值	中位數	最大值
Flow	−0.048 9	0.218 6	−1.259 7	−0.031 2	0.819 3
Spread	0.000 02	0.001 6	−0.012 2	0.000 1	0.009 1
Equity	0.000 3	0.019 7	−0.091 8	0.000 5	0.066 7
UIP	0.000 003	0.002 2	−0.027 4	0.000 1	0.152 4
EFB	0.002 3	0.012 8	−0.110 4	0.003 2	0.043 8

附表3—2描述了各變數的ADF檢驗結果，***表示顯著性水準為1%。由附

表3—2可知，各變數均在0.01顯著性水準下拒絕原假設，沒有單位根，故各變數在樣本區間內可以被認為是平穩變數。

附表3—2　ADF檢驗結果

	Notrend	Withtrend
Flow	−5.4646***	−5.8266***
Spread	−13.8068***	−13.9169***
Equity	−10.3272***	−10.3620***
UIP	−13.2254**	−13.2737***
EFB	−6.2183***	−6.4308***

　　為研究中國上述各變數間的相互作用和影響，該部分基於資料的統計性質，把系統中每一個內生變數作為系統中所有內生變數的滯後值的函數來構造模型，從而將單變數自回歸模型推廣到由多元時間序列變數組成的向量自回歸模型。VAR模型是處理多個相關經濟指標的分析與預測最容易操作的模型之一，在這裡我們進一步使用VAR模型進階版的VAR—MGARCH—DCC模型，是為了使用更符合波動率實際的GARCH方法估算不同時期、不同因素的波動性，以達到更高的準確率。具體資料分析中，我們通過最優化驗證選擇滯後階數為4，將以2015年8月11日中國人民銀行匯率改革為分界點，分別對該時點前後的變數關係進行分析。

　　附圖3—1和附圖3—2分別描述了「8·11」新匯改前後的五變數聯動關係，是經過Cholesky分解、自由度調節後的一單位外生衝擊對各變數的影響，並且記錄的是當期影響量而非累計影響量。

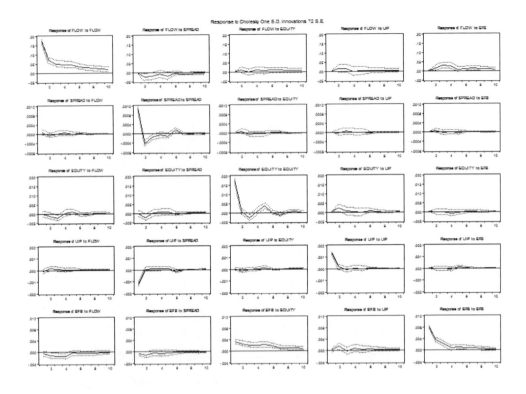

附圖3—1　五因素間的聯動效應（「8·11」新匯改前）

　　由附圖3—1可以看出，除上述各變數與其往期數值均存在不同程度的自相關關係外，在「8·11」新匯改前，中國資本市場價格指數增速的增加（或減少）可以顯著單向推動該市場融資融券餘額增速的增加（或減少），進而促進短期跨境資本的流入（流出），但是該效應並不能夠由跨境資本流動進一步反向影響A股價格或者融資融券餘額，這說明在「8·11」新匯改前，跨境資本並不能夠對中國資本市場及其槓桿率增速產生顯著影響，但其本身會受到股價攀升進而導致槓桿率攀升的影響，入場博取收益，這也是顯著的國際「熱錢」流動特徵。

　　此外，我們還可以從附圖3—1中看到，離在岸人民幣匯價差的升高（或降低）會顯著導致美元與離岸人民幣利差的降低（或升高），進而導致中國資本

市場價格、槓桿率增速的降低（或升高）和跨境資本淨流入的減少（升高），這可能與外界普遍預期離在岸人民幣匯率將收斂於一致有關。

由附圖3—2可以看到，在「8‧11」新匯改之後，五變數間的聯動關係較之前發生了明顯變化。首先，中國資本市場價格、槓桿率和跨境資本淨流入由之前的單向驅動關係變為循環式的互動影響關係，三者之間相互存在顯著正相關，且對某一變數的衝擊呈現反身性的不斷強化特徵，這反映出「8‧11」新匯改之後，跨境資本流動對我國經濟的衝擊增強，已經可以更深入地影響到資本市場的價格和槓桿水準。

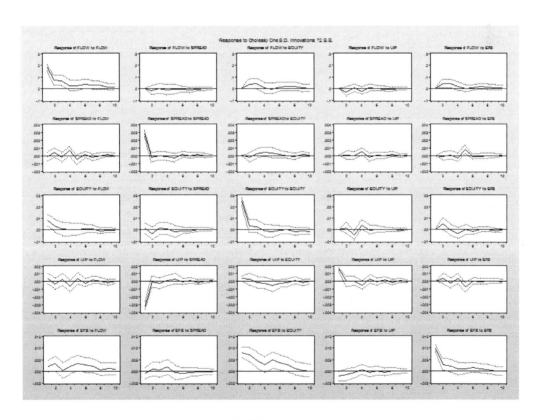

附圖3—2　五因素間的聯動效應（「8‧11」新匯改後）

在離在岸人民幣匯價差和美元與離岸人民幣利差方面，美元與離岸人民幣利差仍然受到離在岸人民幣匯價差的顯著反向驅動，但是，匯改後的美元與離岸人民幣利差已經不能再對其他三因素產生顯著影響。

附圖3—3、附圖3—4描述了VAR—MGARCH—DCC模型下對五變數類比的動態條件相關係數，描述的是變數間波動性的聯動關係。對比兩圖，我們可以發現兩個直觀的問題：第一，匯改前五變數波動性之間的聯動係數相對較為穩定，而在匯改之後，十組係數均呈現出不同程度的波動性增強；第二，「8·11」新匯改後變數間不確定性呈現出顯著相關性的比例增多，在匯改前十組相關關係中只有三組顯著不為0，而匯改後則出現了5組顯著不為0的相關係數，且在匯改前已有關聯的相關係數中，有兩組呈現出絕對值增大的特點。筆者認為，以上兩點變化均反映出「8·11」新匯改後，五組變數波動性之間的關聯度增加，且關聯程度的不確定性顯著增加。

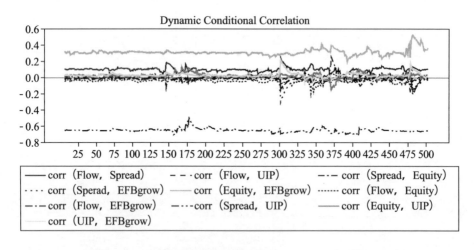

附圖3—3　五變數波動性的聯動關係（「8·11」新匯改前）

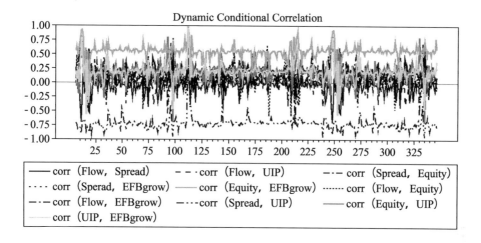

附圖3—4 五變數波動性的聯動關係（「8‧11」新匯改後）

中資銀行的國際化經營歷程

一、中資銀行海外併購概述

在經濟高速增長和國際競爭日趨激烈的背景下，我國銀行業金融機構不斷提升自身國際化經營程度以應對挑戰，實現跨越式發展，近年來在國際金融業務種類、國際化佈局深度廣度拓展、跨境綜合服務水準等方面取得一定成果。

2001年中國加入世界貿易組織後，隨著2005年主要國有商業銀行啟動股改上市，中資銀行逐步開始拓展海外業務。中國銀行業協會發佈的《2014年度中國銀行業社會責任報告》顯示，截至2015年9月底，中資銀行業金融機構開設了1 200多家海外分支機構，覆蓋全球55個主要國家和地區，總資產超過1.5萬億美元。其中五大國有銀行在銀行業境外機構總數中占比超過90%，中國銀行、工商銀行、建設銀行、農業銀行和交通銀行境外機構覆蓋的國家和地區分別為41個、41個、15個、11個和11個。而根據銀監會發佈的資料，截至2015年6月末，共有11家中資銀行在「一帶一路」沿線23個國家設立了55家一級分支機構（其中，子行15家、分行31家、代表處8家、合資銀行1家）。

而在拓展國際業務的諸多途徑中，海外金融機構併購以其利於規避東道國法律監管限制、快速融入當地市場、實現跨國協同互補等方面的優勢而成為眾多中資銀行的共同選擇。改革開放後中資銀行的海外併購最早可以追溯到1984年中國銀行總行收購澳門大豐銀行50%的股權。此後大致可依據驅動海外併購的重要事件劃分為四個階段：第一階段（1994—2000年）為國有專業銀行轉

型為國有商業銀行時期，以1994年相繼成立國家開發銀行、中國農業發展銀行和中國進出口銀行剝離專業銀行的政策性業務為標誌；第二階段（2001—2004年）為加入世界貿易組織後開始面臨國際金融機構競爭與挑戰時期；第三階段（2005—2008年）為大型國有商業銀行股改上市、股份制商業銀行快速發展時期；第四階段（2009年至今）為由美國次貸危機引發的全球金融危機導致世界經濟格局深刻變化時期。

不僅如此，通過對我們統計的1984—2015年38宗中資商業銀行主要境外金融機構併購（不含併購後增持）案例進行分析可知，近年來中資銀行海外併購呈現出數量較快增長、併購區域多元化、併購標的和主體多樣化、併購集中化程度提高等趨勢。

從時間分佈情況來看，1984—2000年的16年間僅發生6宗海外併購，年均0.375宗；而從2001年至2007年，受加入WTO和國有商業銀行股改上市的影響，達到了創紀錄的19宗，年均2.71宗，特別是2001年和2007年分別達到5宗和7宗；2008年爆發的全球金融危機導致海外併購數量下降，但2010年以來出現趨穩回升的態勢，年均1.6宗。

從併購區域分佈情況來看，包括港澳和東南亞在內的亞洲地區是傳統上中資銀行開展併購最主要的市場，占併購總數的63%以上；但自2007年以來，中資銀行已經開始更多地涉足歐美發達國家、新興市場國家等更加廣泛的地區，特別是2010年以來，新增的併購10宗中有7宗在西歐和美洲，還有1宗在臺灣。

併購標的和主體多元化發展的趨勢同樣值得關注，儘管中資銀行以境外商業銀行為主要併購對象，但部分銀行，特別是中國工商銀行和中國銀行兩大巨頭已經開始關注具有證券、保險、衍生品交易和租賃等非銀金融業務牌照的優質海外機構，從而進一步提升了跨國綜合化服務經營的能力。此外，部分資產規模較大的上市股份制銀行也開始在海外併購中嶄露頭角（見附圖4—1、附表4—1、附圖4—2和附圖4—3）。

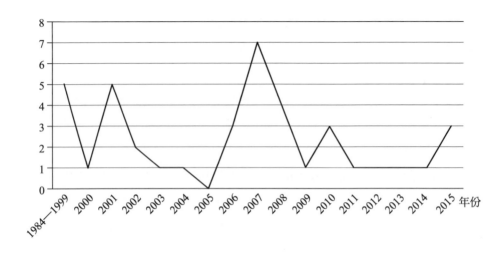

附圖4—1 1984－2015年中資銀行主要海外併購數量

資料來源：各銀行公告及公開資料。

附表4—1 中資銀行海外併購發展四階段

發展階段	併購時間	併購方	被併購方
改革開放後最初的實踐	1984年9月	中國銀行	大豐銀行
專業銀行轉型	1994年4月	中國建設銀行	香港工商銀行
	1998年1月	中國建設銀行	建新銀行（增持）
	1998年2月	中國工商銀行	西敏證券亞洲有限公司
	1998年11月	中信銀行	嘉華銀行
	2000年4月	中國工商銀行	香港友聯銀行
	2001年1月	中國銀行	寶生銀行
	2001年8月	中國銀行	印尼中央亞細亞銀行
	2001年9月	中銀香港	南洋商業銀行
加入世界貿易組織	2001年11月	中銀香港	集友銀行
	2001年11月	中信嘉華	友人銀行
	2002年2月	中國建設銀行	建新銀行（增持）
	2002年2月	中國工商銀行	中保太平洋保險

續前表

發展階段	併購時間	併購方	被併購方
	2003年12月	工銀亞洲	華比富通銀行
	2004年12月	工銀亞洲	華商銀行
主要商業銀行股改上市	2006年8月	中國建設銀行	美國銀行（亞洲）
	2006年12月	中國銀行新	加坡飛機租賃公司
	2006年12月	中國工商銀行	印尼哈利姆銀行
	2007年1月	國家開發銀行	巴克萊銀行
	2007年1月	民生銀行	美國聯合銀行（失敗）
	2007年1月	中國工商銀行	南非標準銀行
	2007年8月	中國工商銀行	誠興銀行
	2007年9月	工銀亞洲	JEC投資公司
	2007年11月	中銀香港	東亞銀行
	2007年11月	中國平安銀行	富通集團（失敗）
	2008年6月	招商銀行	永隆銀行
	2008年8月	中國銀行	瑞士和瑞達基金
	2008年9月	中國銀行	洛希爾銀行
	2008年9月	中信銀行	中信國際金融控股
全球金融危機爆發後	2009年5月	建行亞洲	美國國際信貸（香港）
	2010年1月	中國工商銀行	加拿大東亞銀行
	2010年1月	中國工商銀行	法國金盛人壽保險
	2010年4月	中國工商銀行	泰國ACL銀行
	2011年1月	中國工商銀行	美國東亞銀行
	2012年11月	中國工商銀行	阿根廷標準銀行
	2013年4月	中國工商銀行	永豐銀行
	2014年8月	中國建設銀行	巴西工商銀行
	2015年2月	中國工商銀行	標準銀行公眾有限公司
	2015年7月	交通銀行	巴西BBM銀行
	2015年8月	中國工商銀行	土耳其紡織銀行

資料來源：根據各銀行公告及歷史資料整理。

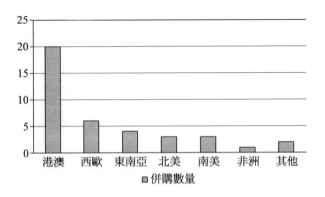

附圖4—2　1994—2015年中資銀行海外併購地區分佈

資料來源：各銀行公告及公開資料。

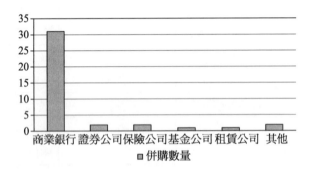

附圖4—3　1994—2015年中資銀行海外併購標的類型分佈

資料來源：各銀行公告及公開資料。

　　從海外併購的集中程度來看，根據1994—2015年的資料，五大國有商業銀行中工商銀行占據了絕對優勢，中國銀行和建設銀行則分列二三位。交通銀行在進入2015年之後加快了國際化的步伐，於5月開展了首次海外併購，併購對象為巴西BBM銀行。農業銀行則遲遲沒有推出自己的海外併購計畫。股份制銀行中，中信銀行處於領先地位，招商銀行也有所嘗試，而民生銀行收購美國聯合銀行和平安銀行收購富通集團則以失敗告終（見附圖4—4）。

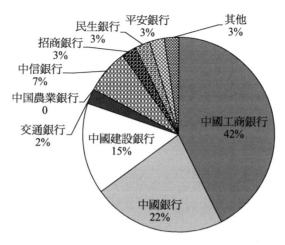

附圖4—4　1994—2015年中資銀行海外併購集中度

資料來源：各銀行公告及公開資料。

二、中資銀行海外併購典型案例

1. 中國建設銀行併購美國銀行（亞洲）——依託香港的國際化嘗試

2006年8月，中國建設銀行斥資97.1億港幣併購美國銀行（亞洲）股份有限公司全部股權，此次併購使建行在香港的業務規模翻倍，客戶貸款規模上升至全港第九位。美銀（亞洲）持有香港銀行牌照，是一家向個人與中小企業提供服務的中小型零售銀行，有豐富的管理經驗，財務表現良好，增長能力強勁。建行此次收購的目的主要是為了整合在港零售業務，學習先進管理經驗，並謀求立足香港進一步開展國際業務。

2. 中國工商銀行控股南非標準銀行——中資銀行試水非洲

2007年10月工商銀行斥資54.6億美元收購南非標準銀行20%的股權，成為第一大股東，此次併購也是迄今為止中資商業銀行跨國併購金額最高的項目。南非標準銀行是非洲地區規模最大的銀行，且在非洲礦產資源、貴金屬投資方面擁有豐富經驗及優勢。此前，歐美發達國家是南非外資銀行市場的絕對主體，這次併購被視為中國進入南非市場的破冰之舉。

3. 招商銀行併購香港永隆銀行——股份制銀行的國際化實踐

2008年6月—2009年1月，招商銀行分三步完成了對香港永隆銀行的100%控股收購，永隆銀行成為招商銀行子公司。此次併購因為競標過程中招行的退出和重新回歸及其與巨頭工行的競價而一波三折。永隆銀行是香港歷史最悠久的華資家族式銀行之一，全資併購永隆銀行幫助招商銀行迅速提升了在港影響力，發揮了經營協同效應，並為招行後續的國際化戰略佈局奠定了良好的基礎。

4. 民生銀行併購美國聯合銀行流產——海外併購風險與反思

美國聯合銀行控股公司主要為華文社區提供金融服務，是美國三大華人銀行之一。民生銀行受到招行成功併購永隆銀行的啟發與激勵，希望開創中資銀行進軍美國市場的先例。2007年9月民生銀行決定對聯合銀行實施分步併購，並通過後續注資將其持股比例提升至20%。但2009年9月美聯行爆出管理層故意隱瞞財務狀況惡化的醜聞，高管涉嫌欺詐遭集體訴訟。11月聯合銀行宣佈破產並被華美銀行接管。其間作為併購方的民生銀行向美聯儲提出的救援性注資申請被以政治性理由拒絕。民生銀行隨後發佈公告稱併購聯合銀行失敗並確認投資損失和減值損失合計8.24億元人民幣。此次併購暴露出海外銀行併購中的資訊不對稱、戰略不成熟、法律監管環境不適應等問題。

5.中國工商銀行收購阿根廷標準銀行——進軍拉美市場掘金新興市場國家

2012年11月，中國工商銀行收購阿根廷標準銀行80%股權的交易獲得阿根廷央行批准，工行通過支付不超過6.5億美元的現金收購標準銀行旗下這家阿根廷子公司的控股權。這是中資銀行首次收購拉丁美洲的金融機構，也是中資銀行第一次完成對世界主流商業銀行的控股收購。本次收購後工行阿根廷分行成為拉丁美洲地區最大的中資銀行，實現了競爭能力的飛躍。

6.中國工商銀行參股臺灣永豐銀行——兩岸金融合作破冰

2013年4月，工商銀行簽署認購臺灣永豐商業銀行股份有限公司20%股份的股份認購協議。此次交易打破了兩岸金融合作的堅冰，使得工行成為首家通過參股方式投資臺灣金融業的大陸銀行，對其他大陸銀行投資臺灣金融業和促進人民幣國際化也發揮了積極作用。

附錄5

後危機時代金融監管改革的國際經驗

一、美國

2010年7月，美國頒佈《陶德－法蘭克華爾街改革和消費者保護法案》，全面推動金融監管改革。

一是設立金融穩定監督委員會（FSOC），識別和防範系統性風險。全面監測系統性風險，識別並監管系統重要性機構、工具和市場，協調部門爭端並促進資訊共用和監管協調。

二是明確美聯儲為系統重要性金融機構的監管主體。首先，擴大監管範圍。美聯儲負責對資產超過500億美元的銀行業金融機構，所有具有系統重要性的證券、保險等非銀行金融機構，以及系統重要性支付、清算、結算活動和市場基礎設施進行監管，同時保留對小銀行的監管權。美聯儲還具有對非銀行金融機構的後備檢查權，判斷其是否威脅金融穩定，進而納入監管範圍。其次，提高審慎監管標準。針對系統重要性機構，美聯儲從資本、槓桿率、流動性、風險管理等方面牽頭制定嚴格的監管標準。嚴控銀行高風險業務。限制銀行業實體開展證券、衍生品、商品期貨等高風險自營業務，商業銀行投資對沖基金和私募股權基金的規模不得超過銀行一級資本的3%。最後，強化金融控股公司監管。美聯儲有權對金融控股公司及其任何一個子公司（包含非存款類子

公司）進行直接檢查，直接從金融控股公司獲取資訊以及獲取金融控股公司交易對手的詳細資訊。

三是建立全面覆蓋的風險處置和清算安排，保障問題機構有序退出。明確由美聯儲與聯邦存款保險公司共同負責美國系統性風險處置。

四是擴大監管範圍，填補監管漏洞。要求對沖基金和私募基金投資顧問到證券交易委員會註冊，並向證券交易委員會報告交易情況和資產組合等方面的資訊，資產規模超過1.5億美元的公司必須接受證券交易委員會的監管和定期檢查。如果對沖基金和私募基金被認為規模過大或風險過大，將被置於美聯儲的監管之下。保留證券交易委員會對信用評級公司的監管權，降低評級公司與被評級機構和承銷商之間的利益關聯度，長時間評級品質低劣的機構可能被摘牌，允許投資者控告信用評級公司的失職行為。在財政部下設聯邦保險辦公室，履行向金融穩定監督委員會提交系統重要性保險公司名單等職責。此外，撤銷儲貸監理署，將其大部分職能併入貨幣監理署。

五是成立消費者金融保護機構，加強消費者金融保護。在美聯儲內部設立相對獨立的消費者金融保護局（CFPB），統一行使原本分散在7家金融監管機構的消費者權益保護職責。

二、歐盟

2010年歐盟通過《泛歐金融監管改革法案》，全面改革監管體系。

一是成立歐洲系統性風險委員會（ESRB），強化宏觀審慎管理。該委員會主要負責宏觀審慎管理，收集和分析資料資訊，識別和評估系統性風險，向銀行業監管局（EBA）、證券和市場監管局（ESMA）、保險和職業養老金監管局（EIOPA）以及各成員國監管當局等提出警告或建議，並成立專門檢查小組追蹤評估各監管機構建議採納情況。要求成員國以法律形式明確負責宏觀審慎管理的機構，提出中央銀行應在宏觀審慎政策中發揮主導作用。對各成員國實施宏觀審慎政策進行指導和建議，公開發佈各國宏觀審慎政策實踐經驗，促進各國政策溝通和協調。

二是歐央行的職責從維護幣值穩定向維護金融穩定延伸。國際金融危機和

歐洲債務危機爆發後，面對銀行資金拆借困難、市場流動性收緊、部分國家國債收益率急劇上升等情況，為緩解危機對經濟的衝擊，維護金融體系穩定，歐央行不再局限於傳統的貨幣政策，在降低基準利率等常規手段之外開始實施一系列非常規救助措施，充分發揮最後貸款人職能，向金融市場注入流動性，改善歐元區融資條件與流動性狀況，恢復市場信心，保證支付清算等金融基礎設施功能完備，發揮了不可替代的作用。

三是建立單一監管機制（SSM），賦予歐央行金融監管職能。歐央行直接監管加入SSM機制的成員國具有系統重要性的信貸機構、金融控股公司、混合型金融控股公司，以及信貸機構在非SSM機制成員國設立的分支機構。同時，各國監管當局將在歐央行指導下對本國非系統重要性的中小銀行實施監管，並在消費者保護、反洗錢、支付服務等領域繼續發揮重要作用。歐央行在必要時可接管任何一家並採取早期干預措施。單一監管機制涵蓋歐元區所有銀行，非歐元區歐盟成員國監管當局可自願加入。

四是構建歐洲銀行業聯盟，統一銀行業監管、處置和存款保險機制。歐洲銀行業聯盟包括三大監管支柱：單一監管機制、單一處置機制（SRM）、統一的存款保險機制。

五是強化歐盟監管機構之間的協調與合作。歐洲系統性風險委員會與銀行業監管局、證券和市場監管局、保險和職業養老金監管局等三家微觀審慎監管機構建立資訊溝通和共用機制，三家微觀審慎監管機構通過聯合委員會（JCOE）加強跨行業、跨部門的監管協調與合作。歐盟各成員國的監管當局、中央銀行以及財政部於2008年聯合簽訂了危機管理和處置合作備忘錄，強調成員國之間的金融監管合作，成立跨國穩定小組（CBSG），建立跨國合作機制，強調公共資源的分配應以平等和平衡為原則，按照危機對各國經濟衝擊的程度以及母國和東道國監管權力的分配來決定相應的公共資源支出額度。

三、英國

危機以來，英國先後兩次調整金融監管框架。2013年4月1日，新《金融服務法》生效，新的金融監管體制正式運行，確立了英格蘭銀行負責貨幣政

策、宏觀審慎管理與微觀審慎監管的核心地位，其內部成立金融政策委員會（FPC），負責宏觀審慎管理，並下設審慎監管局（PRA），與獨立機構金融行為局（FCA）一同負責微觀審慎監管，取代原來的金融服務局（FSA）。2015年7月，英國發佈《英格蘭銀行議案：技術諮詢稿》（以下簡稱《議案》），擬進一步深化金融監管體制改革，調整金融監管架構。

一是設立審慎監管委員會（PRC），強化央行審慎監管職能。《議案》擬將審慎監管局完全整合進英格蘭銀行內部，不再作為英格蘭銀行的附屬機構，同時設立新的審慎監管委員會。審慎監管局的名稱、法定目標和監管方式保持不變，英格蘭銀行履行審慎監管職責仍繼續以審慎監管局的監管收費為資金來源，審慎監管委員會負責決定收費標準。同時，《議案》擬將金融政策委員會從董事會下設的子委員會升級為與貨幣政策委員會和審慎監管委員會並列的英格蘭銀行直屬委員會。由此，形成了英格蘭銀行直屬的貨幣政策委員會、審慎監管委員會、金融政策委員會三個委員會分別負責貨幣政策、微觀審慎監管和宏觀審慎管理職能的框架。

二是改善治理結構，提高監管效率。精簡並強化英格蘭銀行董事會。將非執行董事數量由9名減至7名，相應地，董事會成員人數變為12人。取消英格蘭銀行董事會下屬的子委員會——法律監督委員會，將其職能納入董事會，由董事會直接監督英格蘭銀行運作。改革現有副行長任免機制。擬通過二級立法調整副行長職位，便於英格蘭銀行根據需要調整其高管層的規模和構成。

三是加強資訊共用，完善金融危機處置機制。《議案》擬在處置策略、處置政策和應急計畫的制定等方面進一步強化危機管理和處置機制。

四是增強透明度，明確責任義務。通過公佈英格蘭銀行貨幣政策決定、討論會會議記錄和通貨膨脹報告；將決策會會議書面記錄的保密期延長至8年等方式提高透明度。擬首次將英格蘭銀行納入國家審計辦公室（NAO）審查範圍，同時，其政策制定職能將被排除在審查範圍之外，以保證英格蘭銀行決策的獨立性。

四、德國

危機後，德國根據本國金融業發展情況，借鑒國際金融監管改革經驗，對本國金融監管體制進行改革。

一是強化德央行的金融監管權，突出其在維護金融穩定方面的作用。德央行在金融監管中繼續扮演重要角色，利用網點優勢負責對金融機構的日常監管，監測和評估金融機構的風險並對其進行審計；派代表參加金融監管局管理委員會，監督其管理層，決定其預算並對專項監管任務提出建議；與金融監管局聯合開展壓力測試、現場檢查等重大監管行動；建立金融市場監管論壇，構築高層人員定期磋商機制，討論有關監管政策，制定監管措施。同時，金融監管局發佈監管法規應事先與德央行協商，在與貨幣政策密切相關的領域，必須與德央行達成一致。此外，根據德國《銀行法》的規定，德央行享有金融統計資訊專屬權，金融監管局無權單獨向金融機構徵集任何形式的統計資訊。

二是強化宏觀審慎管理。2013年，德國通過《金融穩定法》，將宏觀審慎管理職責授予單獨成立的金融穩定委員會（FSC）。金融穩定委員會的代表來自財政部、德央行、金融監管局和聯邦金融市場穩定局（FMSA），工作機制與歐洲系統性風險委員會類似。德央行在宏觀審慎管理中發揮重要作用，負責識別和評估金融穩定風險，評估宏觀審慎政策的實施效果，為金融穩定委員會會議提交討論報告和初步政策建議，同時，擁有對金融穩定委員會發佈警告或建議決策的否決權。

三是構建更加有效的金融機構處置機制。設立聯邦金融市場穩定局，管理穩定基金，提供市場流動性，監管新成立的不良資產管理公司，並計畫於2016年將其升級為監管機構，專門從事金融機構重組事務。推出總規模為5 000億歐元的金融救市計畫，設立了「穩定金融市場特別基金」（SoFFin），對危機中受到衝擊的金融機構提供援助。成立FMS－WM和EAA兩家資產管理公司，剝離銀行風險資產，減輕銀行資產負債表壓力，確保銀行繼續為實體經濟提供信貸支援。

五、法國

危機後，法國於2008年和2010年分別頒佈《經濟現代化法》和《銀行金融監管法》，再次進行金融監管體制改革，形成以中央銀行為核心、審慎監管局（ACP）和金融市場監管局並行的監管框架。

一是中央銀行在金融監管中發揮重要作用。除指定一名副行長擔任審慎監管局主席外，央行還對審慎監管局提供資源、員工、資訊、金融和經濟分析等各種履職支持，同時代表審慎監管局簽署各類法律檔。此外，央行還利用網點優勢幫助審慎監管局和金融市場監管局對消費者保護情況進行檢查。

二是成立金融監管與系統性風險委員會，監測與識別系統性金融風險，並預測其未來發展趨勢，協調法國在歐洲和國際不同層面上的監管行動，促進國內相關部門的合作和資訊交流。

三是合併銀行業和保險業監管機構，設立審慎監管局，負責銀行業和保險業監管，維護金融市場穩定和保護金融消費者權益。審慎監管局可以對被監管機構進行現場和非現場檢查，成立制裁委員會對違法金融機構進行處罰。

四是強化金融市場監管局職責，除保護投資者利益及金融產品安全，監管金融市場安全運作及資訊發佈，保障市場交易公正規範，確保市場良性競爭等傳統的證券市場監管職責之外，賦予金融市場監管局監督管理信用評級機構、與歐盟和其他成員國監管部門建立合作、進行資訊交流的職責。

六、俄羅斯

2013年7月，俄羅斯頒佈《修訂關於將金融市場的監督、管理職能轉移至俄羅斯聯邦中央銀行的俄羅斯聯邦法案》（第251－FZ號），對多頭金融監管體制進行重大變革。

一是將金融監管權統一劃歸中央銀行。撤銷聯邦金融市場服務局（聯邦保險監管局於2011年併入了聯邦金融市場服務局），將資本市場監管和保險監管職能轉移至俄央行，由俄央行對銀行以及證券公司、保險公司、小型金融組織、交易所和養老基金等非銀行金融機構實行統一監管。俄央行需向國家杜馬提交有關金融市場重點領域發展和穩定運行的報告。由於俄央行職權擴大，原

「銀行監督管理委員會」更名為「國家金融委員會」，俄央行行長任主席，成員在俄央行各部門負責人中產生，職責包括評估系統性風險、監測系統重要性金融基礎設施以及大型非金融機構的財務穩健性、審議金融穩定報告等。同時，俄央行行長和董事的任期由4年延長至5年，董事會成員由13人增加到15人。此外，為進一步優化對各類非銀行金融機構的監管，加強相應的市場自律組織建設，促進風險管理、公司治理、內部控制、金融消費者權益保護等方面的標準統一。

二是統一金融政策的制定和監督執行職責。由俄央行接管財政部等政府部門有關金融市場監管標準制定的部分權力，參與起草相關法律和監管規定。俄央行負責批准信貸機構和非信貸金融機構的會計標準，管理證券發行登記，監督證券法規執行，打擊內幕交易、市場操縱和洗錢活動。非信貸金融機構具體包括：經紀商、承銷商等專業的證券市場參與者（銀行也可開展證券業務），投資基金管理公司、互助基金、私人養老基金及其存管機構，保險和精算機構，小額信貸機構，信貸消費者合作社、住房儲蓄合作社、農業信貸消費者合作社，信用評級機構等。俄央行的新職能還包括對股份制公司進行監管，規範股份制公司的業務關聯。

七、韓國

韓國於2009年末再次啟動了《韓國銀行法》的修訂工作，強化中央銀行權力。新的《韓國銀行法》於2011年9月正式頒佈，通過擴大監管職權及增加宏觀審慎工具，進一步強化了韓國銀行維護金融穩定的職能。

一是賦予中央銀行維護金融穩定的功能。除「維持物價穩定」外，明確賦予韓國銀行「維護金融穩定」職能。

二是擴大央行監管職能。將資訊獲取範圍從全國性商業銀行擴展至《金融業結構優化法》涵蓋的所有金融機構，通過限定期限提高韓國銀行與金融監督院聯合檢查的效率，進一步強化現場檢查權。

三是改進緊急流動性支持工具，放寬支持條件。對於因融資和資金使用失衡而出現流動性緊張的金融機構，不論是否持有合格抵押品，韓國銀行都可提

供緊急流動性支援。將證券拆借納入公開市場操作工具,為韓國銀行清算系統成員發生的清算資金短缺提供短期融資。

四是擴大了貨幣政策委員會對法定準備金的裁量權。其有權決定法定準備金的形式;將法定準備金率單純由負債類型決定調整為由負債類型和負債規模共同決定。

附錄6

金融交易稅的國際實踐

一、導論

稅收是政府籌集收入的方式，也是實現金融穩定和抑制投資行為的重要手段。稅收是宏觀審慎政策的重要工具之一。金融交易稅通常就是對證券的買賣等金融交易徵收的一種稅。這種可以對買家、賣家或雙方徵收的稅一般是從價稅，即所交易的證券市值的一定百分比。金融交易稅有很多種類：證券交易稅（STT）適用於金融證券的發行和/或交易，並可能包括股票、債券和相關衍生品；貨幣交易稅（也被稱為托賓稅）適用於涉及外匯及其相關衍生品的交易；銀行交易稅或銀行借記稅在拉丁美洲和亞洲國家很常見，適用於從銀行帳戶存款和取款，常常包括支票帳戶。此外，某些國家對保險金、不動產交易或增加經營資本等徵稅。

金融交易稅有著悠久的歷史，英國的印花稅在1694年頒佈，至今仍然生效。美國在1914—1965年就徵收了股票交易稅，而紐約州也在1905—1981年就徵收股票交易稅。證券轉讓稅就是美國證券交易委員會現在的收入來源。金融交易稅在欠發達國家也是非常流行的選擇，其目的就是從少數相對複雜的金融實體中徵收大量的稅收收入。

金融交易稅在發達國家正在重振雄風。歐盟國家也同樣頒佈了一個統一的金融交易稅，按照計畫在2017年1月1日生效。法國在2012年就開徵了金融交易稅，如果到時生效，就會融入整個歐洲的金融交易稅。美國幾個近期的國會議

案也提出了徵收金融交易稅，其中就包括了由包括民主黨的總統候選人伯恩－桑德斯等幾位參眾議員提出的金融交易稅。

金融交易稅的支持者認為有以下幾個理由：金融交易稅可以以低稅率獲得高收入，這是因為金融交易的價值也就是稅基巨大。金融交易稅可以抑制投機性的短期和高頻交易，反過來會降低寶貴的人力資本的價值，使其轉向那些沒有或至多只有一點價值的純粹的尋租活動。他們認為，金融交易稅可以降低資產價格波動，減少泡沫，而這兩項會通過創造不必要的風險和扭曲投資決策而傷害一國經濟。金融交易稅可以鼓勵有耐心的資本和長期投資。金融交易稅有助於回收金融部分救助的成本和金融危機對國家的其他部分造成的成本。金融交易稅，也被某些人鼓吹為劫富濟貧稅，主要是由富豪承擔的，且收入將被用於提高貧困人的福利，為未來的金融救助籌集資金，削減其他的稅種或削減公共債務。

二、各國實踐

目前，各國全面實施金融交易稅的可行性主要有兩種觀點：一種是堅定的支持派，如德國、法國等國家，它們認為金融交易稅具有兩大優勢：一是抑制短期投機，提高投機成本；二是減少道德風險，即金融部門的利潤和管理人員的薪酬巨額增長，而出現危機時卻由納稅人負擔救助成本。這些國家還認為，穩定金融市場是十分緊迫的，國際社會應意識到這一點，並加強合作。金融交易稅會提高金融監管的有效性，這樣一來，各國就可避免在經濟工作上投入大量資金。另一種則是如美國、加拿大的反對派，它們認為開徵金融交易稅不是現實的選擇，會抑制金融市場的發展。另外，金融交易稅的稅制複雜且難以界定，很容易出現逃稅現象，還會加重散戶投資者的負擔。

1. 巴西：金融交易稅

巴西2009年就宣佈開徵金融交易稅，是金磚國家中的第一個。巴西政府在21世紀和20世紀90年代曾兩次運用托賓稅對跨境資本流動實施管制，以降低國內通貨膨脹水準。因此，金融交易稅在巴西的實踐可分為兩個階段：第一階段是1993—1999年。20世紀90年代初巴西的通貨膨脹水準持續上升，另外，巴西

政府的融資需求所引致的差別化利率又吸引境外資本不斷流入巴西，對通貨膨脹起到推波助瀾的作用，1993年12月，巴西開始徵收金融交易稅。此後，根據國際資本的流動，巴西政府不斷調整稅率。除此之外，還引入了如資本徵收進入稅等其他的資本流入控制措施。導致巴西政府開始逐步下調金融交易稅稅率的事件是發生在1998年的亞洲金融危機，彼時，資本大量外流，最後巴西政府不得不取消了金融交易稅。第二階段是2009年至今。2008年爆發了國際性的金融危機，美國採取量化寬鬆政策，這使得巴西金融市場再次面臨資本流入的衝擊，2009年，巴西政府又一次宣佈開徵金融交易稅，並在接下來三年內不斷擴大徵稅範圍，調整稅率。總體上看，巴西的金融交易稅起到了正面作用，增強了投機資本的成本，有效地維護了金融市場的穩定，同時也遏制住了資本流動的衝擊。

2. 瑞典：金融交易稅

瑞典在20世紀八九十年代對本國金融市場徵收過證券交易稅。1984年初，瑞典宣佈開徵金融交易稅，稅率為1%，兩年之後，稅率又上調至2%。儘管金融交易稅為瑞典帶來了稅收收入，但是避稅現象比較嚴重，原因不外乎稅負過重。同時，交易雙方只要不選用在瑞典註冊的經紀商進行交易就可以不用交稅，這種稅制設計上的缺陷使得大量交易人採取措施來避稅。1984—1991年的七年間，瑞典本國的證券交易量不斷下滑，大量的交易遷往倫敦市場。除此之外，金融交易稅的稅基過窄也導致了避稅衍生工具的繁盛，並最終體現在稅收收入的減少上。此後，瑞典嘗試過將金融交易稅的稅率減半，但效果仍舊不理想。在重重壓力之下，瑞典政府不得不在1991年取消了金融交易稅。從瑞典徵收金融交易稅的過程中產生的問題來看，金融交易稅的制度設計對於這項稅收政策能否發揮成效有著至關重要的作用。好的稅制設計應既能維持市場的流動性，又能抑制過度投機。瑞典金融交易稅稅負較為繁重，這會使得交易成本增加，減少市場流動性，不利於當地金融業的發展。一些對開徵金融交易稅持反對態度的專家學者經常引用瑞典金融交易稅，以佐證其危害。

3. 智利：准托賓稅性質的無息存款準備金

從20世紀70年代起，智利開始嘗試開展經濟自由化，為此當局採取了一系列措施，以保持一個有競爭力的實際匯率水準。如1984年，智利採取了「爬行的釘住匯率制度」，以保持國內利率高於國際市場，逐步降低通貨膨脹。這些措施在20世紀80年代初成效是顯著的。但當智利逐步與國際市場接軌後，資本開始大量湧入，加之其政府自身監管能力較差，大量國際資本迅速湧入智利國內，過熱的投資以及快速增長的消費水準引起通貨膨脹，國內利率和匯率承壓巨大，為了緩解這一嚴峻的經濟金融形勢，抑制投機性金融交易，優化投資結構，智利政府在1991年採用了一系列政策舉措阻止資本流入。其中最重要的一項管理措施是無息準備金制度（URR），要求境外投資按照投資額的一定比例以向中央銀行繳納本幣或外幣存款，存款的期間沒有利息，即以凍結資金的方式來提高資本流入成本，屬於對資本流動的間接徵稅。最初智利針對短期國外借款收取20%的無息準備金，後來隨著匯率的變化，智利政府也在調整存款比例。1998年，受亞洲金融危機的影響，智利逐步降低存款準備比例直至取消。除無息存款準備金外，智利政府還實施了如逐步放鬆外匯管制、統一外匯市場、實行單一的匯率制度以及允許資本流出等措施，綜合施策。從智利國內的情況來看，無息準備金制度在遏制資本流入、穩定國內金融市場方面有著積極顯著的效果，但長期來看，此項政策的實際作用待考量。例如，其對於短期內資本的流入影響較大，但長期資本流入總額並沒有因該項制度的出現而有過多變化，除此之外，長期的實際匯率水準和實際利率水準受無息存款準備金制度的影響也較小。

4. 馬來西亞：資本流出稅

馬來西亞政府在20世紀90年代初曾經取消了對資本流入的控制，其本意是想推動經濟加速發展。1998年，亞洲爆發了金融危機，馬來西亞的金融市場和匯率市場受到巨大影響，投機衝擊嚴重，隨之而來的是貨幣貶值，大量資本外流。此後，馬來西亞政府實行了嚴格的外匯管制，並在1999年實施了托賓稅，鼓勵正常投資和長期投資，抑制短期投機行為的投資。托賓稅實施後，匯率水

準相較於徵稅前上升了10%，消費水準也在上升恢復中，馬來西亞的匯率市場和金融市場很快就重歸穩定。可以說，馬來西亞政府實施托賓稅的舉措還是非常及時的，不僅為政府贏得了更多的時間來進行政策調整，而且也增強了市場和投資者的信心。亞洲金融危機過後，馬來西亞經濟的恢復要明顯好於同樣受到金融危機衝擊的泰國和印尼。

5.歐盟：金融交易稅

2008年金融危機之後，歐盟一些成員國如德、法等國就多次提出要在歐盟內建立統一的金融交易稅。金融危機以後，金融交易稅特別是針對證券交易徵稅引起了全球的廣泛關注，法、德等G20國家等積極支援金融交易稅的做法，歐洲議會也要求歐盟委員會制定歐洲金融交易稅徵收計畫，大量非官方組織也積極建言推動針對證券交易和外匯交易全面徵收金融交易稅。2011年9月，歐盟正式提出了金融交易稅的提案，並建議從2014年1月開始實施該提案。這項提議包括為所有類型金融產品的交易制定一個統一的最低稅率0.1%（金融衍生品交易稅率為0.01%）。該提議的目的是促使金融行業對稅收收入做出更公平的貢獻，同時抑制一些不能提高金融市場效率的金融交易。歐委會表示，金融交易稅可能帶來570億歐元的收入，其中一部分將用於增加歐盟預算。開徵金融交易稅是否有助於緩解當前債務危機，是否能遏制金融危機對全球經濟增長造成的影響，當時存在不少質疑之聲。法國和德國對此持強烈支持態度，但歐盟部分成員國仍持反對意見。金融交易稅能否在歐盟區內統一推行，仍存在很大的不確定性。

法國在2012年對市值超過10億歐元的法國公開交易公司的股票購買徵收0.20%的稅，對取消的高頻交易訂單徵收0.01%的稅，且對某些主權信用違約互換的名義價值徵收0.01%的稅。這種股權轉讓稅被認為是籌集收入的方式，且高頻交易和信用違約稅被認為是降低尋租和投機的方式。法國政府對交易外逃到其他歐盟成員國的可能性非常敏感。因此，法國金融交易稅豁免了做市商，將公司債券、主權債券和衍生品排除在稅收之外。儘管做了這些努力，但證據顯示，法國的金融交易顯著降低了交易量。

2012年10月23日，歐盟委員會正式表示支持法國、德國、奧地利、比利時等10個歐元區國家通過「強化合作」機制率先徵收金融交易稅。歐盟委員會的資料顯示，如果2014年在歐盟內部徵收「金融交易稅」，每年將增加570億歐元的財政收入。

2013年1月22日，歐盟財長會議授權11個歐盟成員國通過「加強合作」準備實施金融交易稅，這11個成員國包括比利時、德國、愛沙尼亞、希臘、西班牙、法國、義大利、奧地利、葡萄牙、斯洛維尼亞和斯洛伐克。2013年2月14日，歐盟委員會正式通過並推出金融交易稅（FTT），將在上述11國範圍內對所有金融工具的買賣徵稅，每年有望增加300億～350億歐元的財政收入。此次11國通過歐盟「強化合作」機制實施金融交易稅，是此次金融危機後關於金融交易稅改革進程中的重大里程碑。

2014年5月6日，由法國和德國牽頭的多個歐盟國家承諾，將在2016年前開始對股票和部分衍生品交易徵稅。但目前另有一些國家強烈反對這一做法，它們對金融交易稅的經濟影響和法律基礎抱有擔憂。支援金融交易稅的多個國家將其最新政治協議提交給了歐盟財政部長會議，協議稱金融交易稅應當分步驟實施，2016年1月之前將開始對股票和部分衍生品徵稅，但尚未列明所涉衍生品的種類。各方聲明將在年底前就金融交易稅的最終提案達成一致。此外，義大利等已存在金融交易稅的國家也許能繼續徵稅。

6.英國：金融交易稅

英國的金融交易稅有悠久的歷史。英國的印花稅是在1684年首次頒佈的，是全球最老的金融交易稅之一。這種稅是對股票轉讓徵收的，只有官方的貼花才使得交易合法執行。這種稅目前的稅率是0.5%，且適用於由英國公司發行的證券的轉讓，與當事方是否居住在英國無關。首次發行對於做市商這類仲介是免稅的。此外，由於英國不對衍生品徵稅，這就為用衍生品交易替代其他證券交易提供了動因。

為此，衍生品交易在英國出現了巨幅上漲。Matheson估計，與總收益互換類似的衍生品占英國證券交易的大約40%。金融交易稅每年籌集大約30億英鎊

的收入，相當於英國全部收入的大約0.6%。按照英國稅務當局的估算，其管理成本很低，不到收入的0.05%。

7.美國：證券交易稅

從1914年到1966年，美國聯邦金融交易稅是對股票的出售和轉讓徵收的，稅率是股票面值的0.02%（當時股票的面值比市價低）。後來，在1932年，這種稅的稅率按照交易的類型分別增長到0.04%和0.06%。1959年，在企業可以採取這種方式操縱面值避稅後，稅基就變回到了市值，稅率也被削減到了0.04%。從發行價格的1960年到1966年，美國對股票出售是按照發行價格的0.10%徵稅的，對股票轉讓是按照0.04%徵稅的。

有關美國金融交易稅的三個歷史點值得注意：第一，這種稅是在20世紀20年代生效的，但其生效並沒有有效地減少投機行為，從而避免1929年的股票市場崩盤。但是，金融交易稅的稅率只有0.02%，在阻止投機行為方面可能不是足夠高。第二，在凱恩斯在20世紀30年代呼籲提高金融交易稅的重要性的時候，稅率只有0.04%～0.06%。第三，美國財政部經濟學家卡爾－夏普研究了這種金融交易稅，並在1934年的研究報告中發現這種稅並沒有籌集太多的稅收收入並在制約投機行為方面幾乎沒有什麼作用，因而他認為這種稅大概沒有開徵的依據。

1934年，《美國證券交易法》賦予美國證券交易委員會權威來對自我管制機構，如紐約股票交易所等收費，為監管活動籌集資金。目前，美國證券交易委員會對證券銷售徵收0.001 84%的稅費，並對每筆期貨交易徵收0.004 2美元的稅費。債務工具豁免這種稅。

美國紐約州從1905年到1981年對股票轉讓徵稅。目前這種稅還在徵收，但從1981年以後可以按照請求退稅。這種稅是對價格低於5美元的股票每股收取0.012 5美元、對價格為20美元或更高的股票逐漸增加到每股0.05美元。

8.其他國家：金融交易稅

G20集團中的許多國家徵收了各種金融交易稅。最常見的形式是對二級市場的股票出售徵收0.10%～0.50%的稅收。中國、印度、印尼、義大利、法國、

南非、韓國和英國都徵收了諸如此類的稅種。俄羅斯和土耳其對發行債務融資工具徵稅。

但近幾十年來，幾個發達國家已經放棄了金融交易稅，主要是因為全球化和技術變動造成的競爭性壓力使得金融貿易轉向那些低成本的市場。在過去的25年中，德國、義大利、日本、荷蘭、葡萄牙和瑞典放棄了證券交易稅（見附表6—1和附表6—2）。

三、結語

隨著全球金融一體化發展，金融風險不斷累積，採取適當的措施遏制投機行為、維護金融市場的穩定健康發展是大勢所趨。通過各國實踐並結合我國國情來看，只要制度設計得當，金融交易稅是可以在我國發揮應有的作用的。党的十八屆五中全會提出了實現國家金融治理體系和治理能力現代化，就包括構建適應現代金融市場發展的金融監管框架，健全符合國家標準的監管規則，以及建立國家金融安全機制，防止發生系統性金融風險。因此，我國應盡快開徵金融交易稅，並最終建立完整的金融交易稅體系，納入我國金融宏觀審慎監管工具體系，保證其充分發揮風險防範功能，保證我國金融體系穩健安全，促進金融市場的和諧穩定發展。

附表6—1　G20集團主要經濟體的金融交易稅

國別	金融交易稅類型
阿根廷	對股票、公司債券、政府債券和期貨徵收，稅率為0.60%
澳洲	聯邦不徵收；但各州可徵收交易稅
巴西	對外匯交易徵收0.38%；對短期外國貸款和債券徵收6%（少於180天）
加拿大	沒有
中國	對股票徵收0.1%
歐盟	對買賣雙方的股票和債券徵收0.1%（總的為0.2%）；對衍生品徵收0.01%（總的為0.02%）（即將開徵）
法國	對股票徵收0.2%；對場外交易和股票衍生品徵收0.2%；對高頻交易者修改的股票單的金額徵收0.02%

國別	金融交易稅類型
德國	沒有
日本	沒有
墨西哥	沒有
印度	對股票徵收0.2%；對場外交易和股票衍生品徵收0.2%；對出售期權徵收0.017%～0.025%；對出售期貨徵收0.01%
印尼	股票的0.1%
俄羅斯	發行的新股票和債券的0.2%
沙烏地阿拉伯	沒有
南非	股票的0.25%
韓國	股票和公司債券的0.3%
土耳其	股票發行費的0.2%；債券再發行費的0.6%～0.75%
英國	股票的0.5%
美國	股票的0.001 84%，期貨交易每筆0.004 2美元

資料來源：Leonard E.Burman et al., *Financial Transaction Taxes in Theory and Practice*(2015).

附表6—2　現行金融交易稅和建議方案的主要特色

	英國（現行）	法國（現行）	瑞典（已取消）	歐洲聯盟方案	Harkin-Defazio方案	Baker方案
稅款的判定方						
發行者居住地	是	是	否	是	否	是
賣方/買方居住地	否	否	否	是	是	是
交易所在地	否	否	是（經紀業務）	否	是	是

續前表

	英國（現行）	法國（現行）	瑞典（已取消）	歐洲聯盟方案	Harkin-Defazio方案	Baker方案
稅率						
股權	0.5%	0.2%	1.0%（1986年提高到0.2%）	0.2%	0.03%	0.5%
債務	不適用	不適用	0.002%～0.3%	0.2%，只適用於股票期權	0.03%	每年0.01%
貨幣	不適用	不適用	不適用	不適用	不適用	0.01%
衍生品	不適用	不適用	2.0%	0.02%	0.03%	掉期每年0.1%；期貨為0.02%；期權為0.5%
價值	不適用	不適用	溢價部分	溢價部分	各種款項	掉期每年0.1%；貨為0.02%；期權為0.5%
對一級市場徵稅？	否	否	否	否	否	否
對二級市場徵稅？	是	是	是	是	是	是
包括做市商？	否	否	不知道	是	是	是
包括政府債券？	否	否	是	是	是	是
有無國際協調？	無	無	無	有	無	無

資料來源：Leonard E.Burman et al., Financial Transaction Taxes in Theory and Practice(2015).

附錄7

2015年人民幣國際化大事記

時間	事件	內容	意義與影響
2015年 1月5日	央行授權中行擔任吉隆玻人民幣業務清算行	根據中馬兩國央行合作備忘錄，中國人民銀行決定授權中國銀行（馬來西亞）有限公司擔任吉隆玻人民幣業務清算行	將便捷兩國企業和金融機構跨境人民幣業務，進一步促進貿易、投資自由化與便利化
2015年 1月6日	央行授權工行擔任曼谷人民幣業務清算行	根據中泰兩國央行合作備忘錄，中國人民銀行決定授權中國工商銀行（泰國）有限公司擔任曼谷人民幣業務清算行	將對人民幣在泰國和東盟地區的跨境使用發揮積極的促進作用
2015年 1月12日	塞爾維亞開始使用人民幣進行國際結算	塞爾維亞國家銀行從12日起啟動人民幣業務	有助於促進塞中貿易與經濟合作，人民幣在兩國經濟關係和資金流動中將發揮越來越重要的作用

續前表

時間	事件	內容	意義與影響
2015年 1月21日	滙豐銀行推出自由貿易帳戶服務	滙豐銀行（中國）有限公司宣佈，其自由貿易帳戶相關系統和業務流程已通過審慎合格評估，可以開始向符合條件的上海自貿區客戶推出自由貿易帳戶服務。滙豐由此成為首批開始提供這一創新帳戶服務的外資銀行之一	該帳戶體系打通了自貿區與離岸市場之間的通道，為區內企業涉足海外市場、滿足實體經濟所需的貿易結算和跨境投融資匯兌便利提供了更有效的方式。它亦使得上海自貿區可以在探索更多金融創新的同時有效地防範風險
2015年 1月21日	央行與瑞士國家銀行簽署合作備忘錄，瑞士獲500億元RQFII額度	中國人民銀行與瑞士國家銀行簽署合作備忘錄，就在瑞士建立人民幣清算安排有關事宜達成一致，並同意將人民幣合格境外機構投資者（RQFII）試點地區擴大到瑞士，投資額度為500億元人民幣	標誌著中瑞兩國金融合作邁出新步伐，有利於中瑞兩國企業和金融機構使用人民幣進行跨境交易，促進雙邊貿易、投資便利化
2015年 1月28日	合格境內機構投資者境外投資試點資格（QDIE）日前已經正式落地	中誠信託子公司深圳前海中誠股權投資基金管理有限公司獲得合格境內機構投資者境外投資試點資格（QDIE），成為信託系內首家獲批該項資格的公司	QDIE更為廣闊的投資範圍可以滿足大量機構與高端個人境外投資置業的需求，分散投資風險、歐美金融危機後帶來的低估值公司的併購機會以及境外房地產出現的投資機會等都是QDIE滿足投資者境外投資需求所具有的優勢。有助於進一步開放資本帳戶，以創造更多外匯需求，使人民幣匯率更加平衡、更加市場化

續前表

時間	事件	內容	意義與影響
2015年 2月9日	雪梨人民幣清算行正式啟動	中國銀行舉行雪梨人民幣業務清算行啟動儀式，這標誌著人民幣國際化在南太平洋地區取得實質性進展	雪梨人民幣清算行的啟動將推動中澳兩國貿易及優化合作結構
2015年 2月13日	信託公司首度開啟人民幣國際投貸業務	由中信信託全資子公司——中信聚信（北京）資本管理有限公司投資設立的雲南聚信海榮股權投資管理有限責任公司獲得中國人民銀行及雲南省金融辦批准，從事人民幣境外直接投資、人民幣海外貸款業務。中信信託正式成為國內第一家可從事人民幣國際投貸業務的信託公司	未來隨著人民幣國際化持續推進、人民幣跨境業務政策的不斷寬鬆，中資機構及個人投資者對海外市場的需求會不斷擴大，信託公司將加快「走出去」步伐，其海外業務拓展也將迎來一個新的「黃金時代」
2015年 2月16日	中國外匯交易中心在銀行間外匯市場推出標準化人民幣外匯掉期交易	中國外匯交易中心在銀行間外匯市場推出標準化人民幣外匯掉期交易。標準化人民幣外匯掉期交易通過外匯交易系統新增的以雙邊授信為基礎、自動匹配報價的CSwap功能模組（以下簡稱「CSwap功能模組」）實現	通過CSwap功能模組，推出標準化人民幣外匯掉期交易，是交易中心落實「多種技術手段、多種交易方式，滿足不同層次市場需求」業務工作方針的階段性成果。交易中心將圍繞建設全球「人民幣及相關產品交易主平臺和定價中心」戰略目標，繼續推進產品和交易機制創新，推動我國銀行間外匯市場的健康發展

續前表

時間	事件	內容	意義與影響
2015年2月19日	匈牙利國家銀行啟動人民幣項目	為建立金融、外匯和資本市場的基礎設施，發展結算體系，擴大匈牙利的投資範圍和融資管道，匈牙利國家銀行宣佈啟動「央行人民幣專案」，並將於2015年啟動與「央行人民幣項目」相關的「布達佩斯人民幣倡議」，以擴大匈牙利的投資範圍和融資管道	將加強雙邊金融合作，促進兩國貿易和投資，共同維護地區金融穩定
2015年3月4日	建行成為首家在歐洲獲得RQFII牌照的中資機構	在中國建設銀行子公司建銀國際與英國倫敦子行的共同努力下，建行（倫敦）的RQFII資格獲得中國證監會批准，建行成為首家在歐洲獲得RQFII牌照的中資機構	有利於建行下一步推出歐洲RQFII相關產品，進一步鞏固建行在倫敦市場人民幣業務的領先地位，從而將建行的境外人民幣業務帶入新的領域，這對於在歐洲推進人民幣國際化也具有重要的長遠和現實意義
2015年3月6日	全球首家非金融機構在韓國發行人民幣債券	海航集團（國際）有限公司攜手中國建設銀行首爾分行在韓國成功發行人民幣債券。這是中資非金融企業首次登陸韓國金融市場發行人民幣計價債券，也是全球首家非金融機構在韓國發行人民幣債券	標誌著韓國在打造離岸人民幣中心方面又邁出了重要一步，有利於韓國儘快形成多元化的離岸人民幣債券市場
2015年3月16日	三星參與人民幣與韓元直接交易	韓國三星電子開始在韓國首爾市場買入或賣出人民幣/韓元來結算總部與中國子公司之間的直接交易	將極大促進人民幣對韓元直接交易市場的發展

續前表

時間	事件	內容	意義與影響
2015年 3月17日	莫斯科交易所啟動人民幣/盧布期貨交易	俄羅斯莫斯科交易所金融衍生工具市場啟動人民幣/盧布期貨交易。啟動新的期貨交易是由於莫斯科交易所的人民幣交易量大幅度增加，俄羅斯外匯市場上人民幣和盧布的兌換業務份額增加，以及俄中外貿合同對沖業務的基本需求	推出人民幣/盧布期貨交易是莫斯科交易所提供全面人民幣對沖工具的重要一步，有助於擴大中俄貿易規模
2015年 3月18日	央行與蘇利南中央銀行簽署雙邊本幣互換協議	中國人民銀行與蘇利南中央銀行簽署了規模為10億元人民幣/5.2億蘇利南元的雙邊本幣互換協議	有利於加強雙邊金融合作，便利雙邊貿易和投資，維護區域金融穩定
2015年 3月19日	中行首發「境內外債券投融資比較指數」	中國銀行首次發佈「境內外債券投融資比較指數」（BOC Credits Investing & Financing Environment Difference〔CIFED〕Index）。CIFED指數是繼「跨境人民幣指數」（CRI）和「離岸人民幣指數」（ORI）兩個綜合反映人民幣國際化水準的規模類指數之後，中國銀行首次向市場推出的價格類指數	中行此次推出的「境內外債券投融資比較指數」，旨在全面、客觀、同步地反映離岸與在岸人民幣債券市場信用債券收益率的差異及其變動情況，將為中國企業和金融機構在境內外債券市場的運作提供量化「晴雨錶」。同時，CIFED指數的推出，也是中國銀行在金融市場類指數研發上邁出的可喜一步，使得中國銀行與人民幣國際化有關的指數體系更趨完善

續前表

時間	事件	內容	意義與影響
2015年3月24日	雲南瑞麗成立中緬貨幣兌換中心	雲南瑞麗中緬貨幣兌換中心經瑞麗市政府批准成立。該中心下轄全市銀行業金融機構和已取得個人本外幣兌換特許業務經營許可證的4家企業，可從事經常項目下人民幣與緬幣的兌換和個人項目下人民幣與其他掛牌幣種的兌換	中緬貨幣兌換中心是根據瑞麗經濟貿易特點設立的便利中緬兩國貿易的機構，該中心為促進中緬貨幣兌換業務規範化、合法化發展，為實現中緬貿易投資便利化搭建了有效平臺
2015年3月25日	央行與亞美尼亞中央銀行簽署雙邊本幣互換協議	中國人民銀行與亞美尼亞中央銀行簽署了規模為10億元人民幣/770億亞美尼亞元的雙邊本幣互換協議	將便利雙邊貿易和投資，推進人民幣國際化進程
2015年3月25日	工行和多倫多證券交易所簽署《諒解備忘錄》	中國工商銀行（加拿大）和多倫多證券交易所集團簽署《諒解備忘錄》。根據《諒解備忘錄》，多倫多證券交易所集團和工銀加拿大將建立一套常態性的溝通聯繫機制，雙方將在金融產品開發、清算結算和風險管理機制等領域開展一系列合作；構建一套人民幣金融服務體系，以清算體系網路為基礎，大力推動離岸人民幣投融資產品、人民幣衍生品交易、人民幣債券發行、人民幣指數、大宗商品等	《諒解備忘錄》的簽署是人民幣國際化在加拿大取得的又一重要突破。此次工行與多倫多證券交易所聯手將進一步拓展加拿大及美洲人民幣離岸市場的深度和廣度。依靠北美發達且成熟的金融市場帶動，未來必將形成真正的離岸人民幣自我循環的投融資機制，中加經貿合作的便利化也將得到質的飛躍

續前表

時間	事件	內容	意義與影響
2015年 3月25日	歐洲第一支人民幣RQFII 貨幣市場交易所基金 （ETF）掛牌交易	歐洲第一支人民幣RQFII 貨幣市場交易所基金 （ETF）正式在倫敦交 所掛牌交易，該檔基金 由建設銀行旗下子公司 建銀國際控股有限公司 （建銀國際)的子公司建 銀國際資產管理有限公 司（建銀資產管理)擔當 基金管理人角色	將填補倫敦人民幣貨幣 市場基金的市場空白， 為當地企業高效、便利 地使用閒置人民幣資金 與流動性管理提供了多 樣化的選擇與解決方 案。長遠來看，還將有利 於提高人民幣在歐洲市 場的使用率及認可度， 從而打造完整和可持續 循環的人民幣業務環境
2015年 3月28日	「一帶一路」路線圖正式 公佈	發改委、外交部、商務部 聯合發佈《推動共建絲 綢之路經濟帶和21世紀 海上絲綢之路的願景與 行動》，提出中國願與沿 線國家一道，以共建「一 帶一路」為契機，平等協 商，兼顧各方利益，反映 各方訴求，攜手推動更 大範圍、更高水準、更深 層次的大開放、大交流、 大融合	將促進沿線國家對共建 「一帶一路」的內涵、目 標、任務等方面的進一 步理解和認同，推動「一 帶一路」戰略的順利開 展
2015年 3月30日	央行與澳洲儲備銀行續 簽雙邊本幣互換協議	中國人民銀行與澳洲儲備 銀行續簽了規模為2 000 億元人民幣/400億澳洲元 的雙邊本幣互換協議	貨幣互換協議主要用於 支援雙邊經貿和投資， 尤其是在本幣項目，同時 增強了雙邊金融合作， 增加了雙邊經貿使用人 民幣結算和計價的機會

續前表

時間	事件	內容	意義與影響
2015年 4月7日	中國啟動中烏本幣互換協議，助烏克蘭脫困	中國人民銀行與烏克蘭國家銀行2012年6月簽署了雙邊本幣互換協議，互換規模為150億元人民幣/190億格裡夫納。中國啟動了該協議，協助烏克蘭應對經濟困境	推動人民幣成為國際儲備貨幣和避險貨幣
2015年 4月10日	央行與南非儲備銀行簽署雙邊本幣互換協議	中國人民銀行與南非儲備銀行簽署了規模為300億元人民幣/540億南非蘭特雙邊本幣互換協議	有助於便利雙邊貿易和投資，維護區域金融穩定
2015年 4月14日	中東地區首家人民幣清算行正式啟動	卡達中央銀行與中國工商銀行在杜哈共同宣佈正式啟動人民幣清算服務，工商銀行杜哈分行成為中東地區第一家投入運營的人民幣清算行	這標誌著中塔兩國在經貿、金融領域的合作進一步加強。必將刺激以人民幣形式在中東地區國家的投資，為投資者提供更多機會
2015年 4月14日	吉隆玻人民幣清算行正式啟動	中國銀行在馬來西亞舉行吉隆玻人民幣清算行服務啟動儀式	吉隆玻人民幣清算機制的建立，有助於深化中馬經貿合作，體現了兩國政府和領導人的遠見卓識；有助於加快推動人民幣國際化進程，使兩國經濟參與者從中受益；有助於馬來西亞更好地發揮優勢，提升在東盟國家的金融中心地位；有助於完善中國銀行全球人民幣清算網路，為客戶提供更加優質的人民幣金融服務

續前表

時間	事件	內容	意義與影響
2015年4月17日	央行與馬來西亞國家銀行續簽了雙邊本幣互換協議	中國人民銀行與馬來西亞國家銀行續簽了規模為1 800億元人民幣/900億馬來西亞林吉特的雙邊本幣互換協議	有利於加強雙邊金融合作，便利雙邊貿易和投資，維護區域金融穩定
2015年4月21日	廣東自貿區正式掛牌	廣東自貿區及南沙片區完成掛牌。在廣東自貿區三大片區中，面積最大的南沙片區將面向全球，尤其是歐美發達國家。在航運物流、特色金融、國際商貿、高端製造等領域，南沙將啟動一批重點專案和推出一系列創新措施將	擴大人民幣在貿易與投資中使用的廣度與深度
2015年4月22日	曼谷人民幣清算行正式啟動	中國工商銀行（泰國）股份有限公司在曼谷宣佈正式啟動人民幣清算行服務，泰國及其相關國家商業銀行將可以通過在工銀泰國開立的帳戶直接辦理人民幣業務	顯著提高了人民幣匯劃效率和使用便利，有效拓寬了人民幣資金的運用管道
2015年4月29日	盧森堡獲500億元RQFII額度	人民幣合格境外機構投資者（RQFII）試點地區擴大至盧森堡，初始投資額度為500億元人民幣	標誌著兩國金融合作邁出新步伐，有利於兩國企業和金融機構使用人民幣進行跨境交易，促進雙邊貿易、投資便利化

續前表

時間	事件	內容	意義與影響
2015年5月1日	《存款保險條例》正式實施	《存款保險條例》正式實施，存款保險實行限額償付，最高償付限額為人民幣50萬元。中國人民銀行會同國務院有關部門可以根據經濟發展、存款結構變化、金融風險狀況等因素調整最高償付限額，報國務院批准後公佈執行	存款保險制度的出臺，對於進一步提升金融體系穩健性、促進銀行業改革、提高銀行業的發展水準和競爭力、提升服務實體經濟的水準都具有十分重要的意義
2015年5月10日	央行與白俄羅斯國家銀行續簽了雙邊本幣互換協議	中國人民銀行與白俄羅斯共和國國家銀行續簽了規模為70億元人民幣/16萬億白俄羅斯盧布的雙邊本幣互換協議	有利於加強雙邊金融合作，便利雙邊貿易和投資，維護區域金融穩定
2015年5月15日	央行與烏克蘭國家銀行續簽雙邊本幣互換協議	中國人民銀行與烏克蘭國家銀行續簽了規模為150億元人民幣/540億烏克蘭格裡夫納的雙邊本幣互換協議	有利於加強雙邊金融合作，便利雙邊貿易和投資，維護區域金融穩定
2015年5月20日	財政部在香港成功發行人民幣國債	財政部在香港面向機構投資者發行了140億元人民幣國債，其中包括50億元3年期國債、30億元5年期國債、15億元7年期國債、15億元10年期國債、5億元15年期國債和5億元30年期國債，申購總額為363億元	財政部離岸人民幣國債成功發售，有望助點心債市場進一步轉暖

時間	事件	內容	意義與影響
2015年5月22日	《亞投行章程》出爐	亞投行57個意向創始成員國代表在新加坡發表公告，各方已就《亞投行章程》文本達成一致，將於6月底在北京舉行《亞投行章程》簽署儀式	章程直接決定了亞投行未來的工作效率。章程中最重要的是亞投行的決策體制、股權分配和貸款制度的確立。這三方面直接影響到各國在亞投行未來的發言權和決策權，為今後的決策運作和方案實施起到制度保障
2015年5月25日	寶島債收益利率曲線公佈	臺灣證券櫃檯買賣中心宣佈，即日起開始公佈寶島債券收益利率曲線。寶島債收益利率曲線是由九家主要報價商提供報價並經櫃買中心計算後公佈，除了可作為臺灣人民幣債券商品在初級市場的定價基準，也為次級市場買賣平價及風險管理的指標，也是未來發展寶島債指數及指數商品的重要基礎	將有助於建立臺灣離岸人民幣市場的中長期利率指標，且為臺灣發展離岸人民幣中心的重要金融基礎建設之一
2015年5月25日	央行與智利中央銀行簽署雙邊本幣互換協議，智利獲500億元RQFII額度	中國人民銀行與智利中央銀行簽署了規模為220億元人民幣/22 000億智利比索的雙邊本幣互換協議。同日，雙方簽署了在智利建立人民幣清算安排的合作備忘錄，並同意將RQFII試點地區擴大到智利，投資額度為500億元人民幣	標誌著中智兩國金融合作邁出新步伐，有利於中智兩國企業和金融機構使用人民幣進行跨境交易，促進雙邊貿易、投資便利化

續前表

時間	事件	內容	意義與影響
2015年5月25日	央行授權建行擔任南美地區首家人民幣清算行	中國人民銀行授權中國建設銀行智利分行擔任智利人民幣業務清算行。這是中國人民銀行首次在南美洲指定人民幣清算行	有利於人民幣在拉美地區更加高效、便捷地使用，對於推動中智兩國乃至中國和拉美地區之間的經貿合作與往來，推動智利離岸人民幣市場的建設，都具有極其重要的現實和長遠意義
2015年6月3日	央行發佈《中國人民銀行關於境外人民幣業務清算行、境外參加銀行開展銀行間債券市場債券回購交易的通知》	中國人民銀行發佈《中國人民銀行關於境外人民幣業務清算行、境外參加銀行開展銀行間債券市場債券回購交易的通知》，批准境外人民幣業務清算行、境外參加銀行開展銀行間債券市場債券回購交易，其中正回購的融資餘額不高於所持債券餘額的100%，且回購資金可調出境外使用	此舉在一定程度上打通了人民幣的在岸和離岸市場，相當於將目前國內的低成本資金部分向境外機構開放，吸引其進入國內債券市場。同時利於擴大境外機構的債券投資和流動性管理需求，加快人民幣國際化進程
2015年6月24日	日本發行首支人民幣債券「富士山債」	日本國內首支以人民幣計價的公司債券「富士山債」由三菱東京日聯銀行正式發行。該債券為期兩年，年利率3.64%。面向銀行、保險公司等日本國內機構投資者，計畫募集3.5億元人民幣（約70億日圓），用於幫助在華日本企業籌集人民幣	人民幣債券在日本市場問世後，日本企業和金融機構將以更低成本籌集到在中國開展業務時所需的人民幣。日本國內的保險公司、地方銀行等投資者可以為手頭積攢的人民幣找到一個投資管道

續前表

時間	事件	內容	意義與影響
2015年 6月24日	蒙古國首次發行人民幣債券	蒙古國政府24日首次發行離岸人民幣債券，金額10億元，期限3年，按面值平價發行，票面利率及收益率均為7.5%	反映人民幣在國際市場的認受性正逐步提高。更緊密的跨境合作和能力提升，均能支援人民幣發展，不僅增強了市場的流動性，也能降低金融風險。隨著越來越多政府和官方機構使用人民幣，持續進行宏觀經濟和宏觀審慎改革，有助於為健康的人民幣金融系統打好基礎
2015年 6月27日	央行與匈牙利中央銀行簽署合作備忘錄，匈牙利獲500億元RQFII額度	中國人民銀行與匈牙利中央銀行簽署了在匈牙利建立人民幣清算安排的合作備忘錄和《中國人民銀行代理匈牙利央行投資中國銀行間債券市場的代理投資協議》，並同意將RQFII試點地區擴大到匈牙利，投資額度為500億元人民幣	標誌著中匈兩國金融合作邁出新步伐，有利於中匈兩國企業和金融機構使用人民幣進行跨境交易，促進雙邊貿易、投資便利化

續前表

時間	事件	內容	意義與影響
2015年6月30日	建行在法國泛歐交易所掛牌推出人民幣計價RQFII貨幣市場交易所基金	中國建設銀行在法國泛歐交易所上市了歐元區首支人民幣計價和交易的RQFII貨幣市場交易所基金。此基金由建行旗下的建銀國際資產管理有限公司（建銀國際資產管理）擔當投資管理人角色，主要通過RQFII管道投資於中國國內市場的固定收益類證券，從而滿足歐洲投資者對相對穩定收益的需求，同時兼顧了流動性	有利於進一步推動人民幣在歐洲市場的循環使用，提高人民幣在當地的使用率及認可度
2015年6月30日	工行與泛歐交易所簽署戰略合作協議	中國工商銀行與泛歐交易所在法國巴黎馬提尼翁總理府簽署了總金額達30億歐元的戰略合作協議。根據協議，工商銀行將與泛歐交易所在歐洲資本市場開展相關業務，特別是境外人民幣債券、首次公開發行（IPO）、人民幣全球存托憑證（GDR）、合格境外機構投資者（QFII）及人民幣合格境外機構投資者（RQFII）等業務領域開展深度合作	將進一步豐富離岸人民幣投資品種，對人民幣的跨境使用和中國資本市場的對外開放發揮積極的促進作用

續前表

時間	事件	內容	意義與影響
2015年7月3日	瑞士首家銀行宣佈開設人民幣帳戶服務	瑞士日內瓦銀行發表公報稱，該行客戶可開設人民幣儲蓄帳戶，這是瑞士首家提供此業務的銀行。日內瓦銀行人民幣儲蓄帳戶不設儲蓄金額下限，年利率為2%。但帳戶每年的櫃檯提取金額最高為5萬瑞郎（約合33萬元人民幣），超過此限額的取款必須提前三個月通知	不僅可以為該行客戶提供瑞郎、歐元和美元帳戶之外更加多元化的儲蓄服務，也讓投資者和儲戶在面對瑞士負利率環境和歐元波動時有更多選擇
2015年7月7日	央行與南非儲備銀行簽署建立人民幣清算安排的合作備忘錄	中國人民銀行與南非儲備銀行簽署了在南非建立人民幣清算安排的合作備忘錄	有利於中國和南非兩國企業和金融機構使用人民幣進行跨境交易，進一步促進貿易、投資便利化
2015年7月8日	央行授權中行擔任南非人民幣業務清算行	中國人民銀行決定授權中國銀行約翰尼斯堡分行擔任南非人民幣業務清算行。南非人民幣清算行是中國央行在非洲指定的第一家清算行，將為人民幣國際化邁向廣闊非洲提供強有力的支持	此次人民幣清算機制的建立，將進一步推動市場參與者使用人民幣進行結算和投融資交易
2015年7月9日	韓國啟用人民幣債券即時清算系統	交通銀行和韓國預托決濟院共同開發的人民幣債券即時清算系統正式啟用	這是人民幣債券市場的重要基礎設施之一，對推動韓國離岸人民幣債券市場發展具有重要意義，同時也標誌著韓國離岸人民幣市場正向著多元化方向發展

續前表

時間	事件	內容	意義與影響
2015年 7月10日	金磚國家央行簽署《金磚國家應急儲備安排中央銀行間協議》	金磚國家央行共同簽署了《金磚國家應急儲備安排中央銀行間協議》，為應急儲備安排的操作規定了技術細節	金磚國家應急儲備安排為金磚各國提供了多邊金融支援，是金磚國家金融合作的重要一步，也對全球金融安全網做出了積極貢獻
2015年 7月13日	南沙、橫琴自貿新區跨境人民幣貸款政策正式啟動	中國人民銀行廣州分行對外發佈《廣東南沙、橫琴新區跨境人民幣貸款業務試點管理暫行辦法》，在南沙、橫琴新區開展跨境人民幣貸款業務試點	開展這項業務試點，將幫助中資企業開闢跨境融資的便利管道，解決企業融資難、融資貴的問題；促進內地與港澳跨境投融資便利化；有利於推動人民幣國際化和資本項目可兌換
2015年 7月14日	泉州金改區獲批開展泉台跨境人民幣貸款試點	經中國人民銀行授權，中國人民銀行銀行福州中心支行發佈實施《泉州金融服務實體經濟綜合改革試驗區開展泉台跨境人民幣貸款業務試點暫行管理辦法》。這標誌著泉台跨境人民幣貸款業務正式啟動	泉台跨境人民幣貸款業務的開展，一方面可進一步發揮泉州金改區的示範、引領作用，滿足泉州金改區企業生產經營及融資的需求，推動境內企業充分利用「兩個市場、兩種資源」，加快產業發展和經濟轉型；另一方面也有利於促進泉台人民幣資金的跨境流動，推動臺灣地區人民幣離岸中心的建設發展，為深化泉台經貿往來注入新的活力

時間	事件	內容	意義與影響
2015年 7月14日	央行印發《關於境外央行、國際金融組織、主權財富基金運用人民幣投資銀行間市場有關事宜的通知》	中國人民銀行印發《關於境外央行、國際金融組織、主權財富基金運用人民幣投資銀行間市場有關事宜的通知》，對境外央行類機構簡化了入市流程，取消了額度限制，允許其自主選擇中國人民銀行或銀行間市場結算代理人為其代理交易結算，並拓寬其可投資品種	將進一步提高境外央行或貨幣當局、國際金融組織、主權財富基金投資銀行間市場的效率
2015年 7月20日	工行新加坡分行完成首筆人民幣債券回購	中國工商銀行新加坡分行在全國銀行間債券市場成功完成首筆債券質押式正回購交易，交易金額為2億元人民幣。這是國外銀行機構在境內銀行間債券市場達成的首筆債券回購交易，也是國外人民幣業務清算行達成的首筆債券回購交易	為當地銀行提供了人民幣投融資便利，對豐富新加坡人民幣產品、增加新加坡人民幣市場的流動性發揮了積極的推動作用
2015年 7月20日	中銀香港延長人民幣即時支付結算系統清算服務時間	香港人民幣業務清算行中銀香港宣佈延長香港人民幣即時支付結算系統（RMBRTGS)的清算服務時間	將進一步提升為海外參加行及其他地區的人民幣清算行提供的即時人民幣清算服務，有助於參加行加強其流動性管理，推動香港以及全球離岸地區的人民幣業務發展

續前表

時間	事件	內容	意義與影響
2015年 7月22日	廈門啟動對台跨境人民幣貸款業務試點	廈門對臺灣跨境人民幣貸款業務試點正式啟動。在廈門註冊成立的企業和專案可以從臺灣地區銀行業金融機構借入人民幣資金，並通過廈門地區銀行業金融機構辦理資金結算	跨境人民幣貸款試點業務落地將帶來多方共贏，將為人民幣資產開闢一個新的投放管道，增加利息等資產收入。對於廈門地區銀行來說，將增加資產負債來源，密切與臺灣同業的聯繫合作。對臺灣離岸人民幣市場來說，有助擴大臺灣人民幣投資和回流管道，豐富臺灣人民幣業務產品，支援臺灣離岸人民幣市場發展
2015年 7月23日	工行在巴基斯坦啟動人民幣清算機制	中國工商銀行在巴基斯坦卡拉奇舉行人民幣清算業務推介會，啟動人民幣清算機制	將顯著提升人民幣在南亞地區的匯劃效率和使用便利
2015年 7月24日	境內原油期貨交易以人民幣計價、結算	中國人民銀行發佈境內原油期貨交易跨境結算管理工作公告，規定境內原油期貨交易以人民幣計價、結算	推出人民幣計價的原油期貨，將進一步加快形成人民幣與石油直接計價機制，增強原油市場話語權，從而為人民幣的國際儲備功能的實現提供實際支撐
2015年 7月28日	倫敦金屬交易所接受人民幣作為質押貨幣	倫敦金屬交易所（LME）旗下結算所LME Clear宣佈接納離岸人民幣作為銀行和經紀商在該平臺交易的質押品	有助於發展人民幣在大宗商品領域的計價功能。人民幣正逐步邁入全球最廣泛使用的貨幣行列，這是人民幣全球化進程中邁出的重要一步，將為人民幣國際化帶來新的機遇

續前表

時間	事件	內容	意義與影響
2015年 7月31日	上海自貿區跨境人民幣大宗商品現貨交易啟動	中國（上海）自由貿易試驗區大宗商品現貨市場交易平臺正式啟動。交易平臺試運行期間，首批上線的兩家交易平臺客戶均通過浦發銀行完成代理清算，浦發銀行因此成為自貿區跨境人民幣大宗商品現貨交易啟動後唯一一家完成多品種、多平臺代理清算的商業銀行	該平臺的建立將有助於在上海自貿區率先形成規範的要素交易市場，從而吸引更多的境內外投資機構參與，穩步推進上海成為國際大宗商品要素交易的定價中心，進一步帶動現代服務業、物流行業、航運業的聯動發展
2015年 8月4日	工行新加坡分行開啟24小時人民幣清算服務	中國工商銀行新加坡分行宣佈啟動人民幣清算24小時連續運作清算模式，執行時間覆蓋亞洲、歐洲、美洲三大時區	隨著人民幣進一步國際化，新加坡的人民幣清算服務日益面對更多來自倫敦和紐約等其他國際金融中心的競爭。此次推出全天人民幣清算服務，是工行新加坡分行鞏固新加坡離岸人民幣中心地位的一項舉措
2015年 8月9日	綏芬河盧布現鈔使用試點正式啟動	經中國人民銀行批准，綏芬河市開展盧布現鈔使用試點正式啟動，這標誌著綏芬河盧布現鈔使用試點進入正式實施階段	將進一步推動盧布使用的規範化，民間盧布現鈔兌換市場將逐步納入銀行體系，並能進一步促進中俄兩國間的邊貿往來、促進邊境地區的旅遊發展。也有利於在條件成熟時，對等推動人民幣現鈔在俄邊境地區的使用

續前表

時間	事件	內容	意義與影響
2015年 8月11日	央行完善人民幣兌美元匯率中間價報價	中國人民銀行發佈關於完善人民幣兌美元匯率中間價報價的聲明。自2015年8月11日起，做市商在每日銀行間外匯市場開盤前向中國外匯交易中心提供的報價應主要參考上一日銀行間外匯市場的收盤匯率，並結合上一日國際主要貨幣匯率變化以及外匯供求情況進行微調	這對於增強人民幣信心和人民幣進一步國際化是利好消息。未來人民幣匯率形成機制改革會繼續朝著市場化方向邁進，更大程度地發揮市場供求在匯率形成機制中的決定性作用，促進國際收支平衡。加快外匯市場發展，豐富外匯產品。增強人民幣匯率雙向浮動彈性，保持人民幣匯率在合理均衡水準上的基本穩定
2015年 8月13日	中國境內正式啟動蒙古國貨幣現鈔兌換使用的業務	首筆蒙古國貨幣圖格裡克現鈔兌換業務在中國銀行內蒙古二連浩特市分行完成，標誌著中國境內正式啟動蒙古國貨幣現鈔兌換使用業務	蒙古國貨幣與人民幣兩幣種之間可直接進行計價結算，促成人民幣與蒙古國貨幣直接匯率的形成，為對等推進人民幣在蒙古國相關城市流通、使用奠定了基礎
2015年 9月3日	央行與塔吉克斯坦中央銀行簽署雙邊本幣互換協議	中國人民銀行與塔吉克斯坦中央銀行簽署了規模為30億元人民幣/30億索摩尼的雙邊本幣互換協議	有利於中國與塔吉克斯坦兩國企業和金融機構使用人民幣進行跨境交易，促進雙邊貿易、投資便利化

續前表

時間	事件	內容	意義與影響
2015年 9月7日	央行對跨境雙向人民幣資金池業務政策進行了調整	中國人民銀行印發《關於進一步便利跨國企業集團開展跨境雙向人民幣資金池業務的通知》。《通知》明確，跨國企業集團原則上在境內只可設立一個跨境雙向人民幣資金池；中國人民銀行對跨國企業集團跨境雙向人民幣資金池業務實行上限管理	隨著跨境金融基礎設施的逐步到位和跨境人民幣結算政策框架的日趨完善，必將激發市場主體更多的人民幣需求，人民幣國際使用的範圍和規模，有望繼續穩步擴大
2015年 9月15日	企業發行外債實行備案制	國家發改委取消企業發行外債的額度審批，改革創新外債管理方式，實行備案登記制管理。通過企業發行外債的備案登記和資訊報送，在宏觀上實現對借用外債規模的監督管理	此舉是資本帳戶開放的重要一步，有利於中國經濟的長遠發展。放開企業境外發債也是對中國企業「走出去」和「一帶一路」等戰略的重要支持。從長期看，隨著境內企業到離岸市場發行人民幣債券，離岸人民幣市場的投資工具將得到進一步豐富。企業綜合考慮境內外人民幣融資成本，離岸和在岸市場間的聯繫也會進一步加強

續前表

時間	事件	內容	意義與影響
2015年 9月17日	歐洲央行新貨幣籃子賦予人民幣更大權重	在歐洲央行新的賦權體系下，人民幣的權重有所增加，在歐元貨幣籃子中的占比從14.8%升至17.7%，美元的權重有所降低，占比從13.5%降至12.7%，英鎊也小幅下降。俄羅斯、印尼、土耳其、波蘭和捷克等國貨幣的占比有所上升	標誌著人民幣國際化的進一步發展
2015年 9月17日	央行與阿根廷中央銀行簽署建立人民幣清算安排的合作備忘錄	中國人民銀行與阿根廷中央銀行簽署了在阿根廷建立人民幣清算安排的合作備忘錄	阿根廷人民幣清算安排的建立，將有利於中國和阿根廷兩國企業和金融機構使用人民幣進行跨境交易，進一步促進貿易、投資便利化
2015年 9月18日	工行啟動阿根廷人民幣清算行業務	中國工商銀行（阿根廷）股份有限公司舉行該行作為阿根廷人民幣業務清算行的正式啟動儀式	啟動人民幣清算行將有利於中阿兩國企業深化金融合作，提高結算效率，降低貿易成本，規避金融風險，更好地促進雙邊務實合作
2015年 9月18日	國家發改委發佈《關於推進企業發行外債備案登記制管理改革的通知》	國家發改委發佈《關於推進企業發行外債備案登記制管理改革的通知》稱，將取消企業發行外債的額度審批，改革創新外債管理方式，實行備案登記制管理	此舉是資本帳戶開放的重要一步，有利於中國經濟的長遠發展。人民幣債券在許可的外債範圍之內。從長期看，隨著境內企業到離岸市場發行人民幣債券，離岸人民幣市場的投資工具或得到進一步豐富

續前表

時間	事件	內容	意義與影響
2015年9月19日	人民幣國際投貸基金在廣西組建取得新進展	在第七屆中國—東盟金融合作與發展領袖論壇上,廣西壯族自治區金融辦、中國建設銀行廣西壯族自治區分行、建銀國際(中國)有限公司、廣西北部灣國際港務集團代表共同簽署了《廣西北部灣人民幣國際投貸基金合作框架協議》,標誌著人民幣國際投貸基金在廣西組建取得新進展	協議的簽訂將為廣西發起設立人民幣國際投貸基金奠定基礎
2015年9月22日	國際性商行首次獲准在銀行間債市發行人民幣債券	香港上海滙豐銀行有限公司和中國銀行(香港)有限公司獲准在銀行間債券市場分別發行10億元和100億元人民幣金融債券。這是國際性商業銀行首次獲准,在銀行間債券市場發行人民幣債券	進一步擴大了我國銀行間債券市場發行主體範圍,拓寬了國際性商業銀行的人民幣融資管道,有利於促進我國債券市場擴大對外開放,推進人民幣跨境使用
2015年9月23日	中行新疆分行掛牌人民幣兌巴基斯坦盧比現鈔報價	中國銀行新疆分行在國內首家推出人民幣兌巴基斯坦盧比現鈔直接報價掛牌交易,以即時、一日多價的形式提供人民幣對巴基斯坦盧比的直接報價,標誌著中巴貿易跨入本幣結算時代	人民幣兌巴基斯坦盧比現鈔直接報價掛牌交易是實現中巴貿易結算本幣化的關鍵環節,將為中巴貿易帶來提高效率、節約成本、規避風險、增加收益等諸多的便利

續前表

時間	事件	內容	意義與影響
2015年9月29日	香港上海滙豐銀行有限公司與中國銀行（香港）發行國際性商業銀行熊貓債	香港上海滙豐銀行有限公司與中國銀行（香港）發行國際性商業銀行熊貓債，發行金額為人民幣各10億元，期限3年，票面利率3.5%	這是人民幣國際化和中國資本市場開放進程中的一塊里程碑。中國向外資發行主體開放國內債務市場，也標誌著它在鼓勵加大人民幣跨境使用的道路上向前邁出了一步
2015年9月29日	央行與尚比亞中央銀行簽署建立人民幣清算安排的合作備忘錄	中國人民銀行與尚比亞中央銀行簽署了在尚比亞建立人民幣清算安排的合作備忘錄	尚比亞人民幣清算安排的建立，有利於中國和尚比亞兩國企業和金融機構使用人民幣進行跨境交易，進一步促進貿易、投資便利化
2015年9月30日	央行允許境外央行類機構進入銀行間外匯市場	中國人民銀行公告稱，開放境外央行（貨幣當局）和其他官方儲備管理機構、國際金融組織、主權財富基金依法合規參與中國銀行間外匯市場，開展包括即期、遠期、掉期和期權在內的各品種外匯交易	此舉是人民幣資本項目可兌換和人民幣國際化的重要步驟，境外機構獲准參與我國的銀行間外匯市場後，外國央行持有人民幣作為外匯儲備的動力將會增強。此外，各國央行等主要金融機構的進駐，將極大地提高人民幣在岸市場的成交量，使我國銀行間市場的人民幣匯率更有代表性。最終為中國贏得人民幣國際定價權起到積極的作用
2015年10月6日	人民幣超越日圓成為全球第四大支付貨幣	環球銀行金融電信協會（SWIFT）發佈的報告顯示，人民幣超越日圓成為全球第四大支付貨幣	人民幣支付地位提升是人民幣國際化進程加快的標誌，也是人民幣國際化的又一座里程碑

時間	事件	內容	意義與影響
2015年 10月6日	中國正式按照SDDS標準公佈資料	中國完成採納國際貨幣基金組織資料公佈特殊標準（簡稱SDDS標準）的全部程序，將按照SDDS標準公佈相關統計資料。根據要求，中國部分統計資料，首次對外發佈	採納SDDS標準是我國在完善統計體系、提高透明度方面所取得的又一重大進展，符合我國進一步改革和擴大對外開放的需要。有利於提高宏觀經濟統計資料的透明度、可靠性和國際可比性；有利於進一步摸清宏觀經濟家底，為國家宏觀經濟決策提供及時、準確的依據；有利於國際社會和公眾對中國經濟的深入了解，提升我國參與全球經濟合作水準
2015年 10月8日	人民幣跨境支付系統成功上線運行	人民幣跨境支付系統（CIPS）按計劃分兩期建設，一期工程便利跨境人民幣業務處理，支持跨境貨物貿易和服務貿易結算、跨境直接投資、跨境融資和跨境個人匯款等業務。首批直接參與機構包括19家境內中外資銀行，間接參與者包括位於亞洲、歐洲、大洋洲、非洲等地區的38家境內銀行和138家境外銀行	這是人民幣國際化的重要里程碑。該系統將成為人民幣在全球支付的快速通道，將取代現有的由各種網路平臺拼接起來的系統，並且將支援無障礙的人民幣交易，可極大促進人民幣國際化

續前表

時間	事件	內容	意義與影響
2015年 10月20日	中行發佈人民幣債券交易指數	中國銀行在北京、倫敦、新加坡三地同步發佈中國銀行人民幣債券交易指數	人民幣債券交易指數將成為全球機構投資者投資中國銀行間債券市場的嚮導，成為全球央行和監管機構了解中國金融市場的重要參考，為金融市場發展和人民幣國際化做出新的貢獻
2015年 10月20日	央行與英格蘭銀行續簽雙邊本幣互換協議	中國人民銀行與英格蘭銀行續簽了雙邊本幣互換協議。互換規模由原來的2 000億元人民幣/200億英鎊擴大至3 500億元人民幣/350億英鎊	與英格蘭銀行續簽雙邊本幣互換協議並擴大互換規模，可為倫敦人民幣市場的進一步發展提供流動性支持，促進當地人民幣資產交易、資產管理等領域的業務發展，也有利於貿易和投資的便利化
2015年 10月20日	央行首次在海外發行人民幣計價的央行票據	中國人民銀行在倫敦採用簿記建檔方式，成功發行了50億元人民幣央行票據。這是央行首次在海外發行以人民幣計價的央行票據	此次央行票據的海外發行豐富了人民幣離岸市場的投資品種，將進一步推動人民幣國際化。央行票據發行利率可以為人民幣離岸市場金融產品提供定價基準，同時也因為央行票據信用等級高、流動性好從而提高海外投資者持有人民幣資產的積極性
2015年 10月22日	國務院常務會議決定啟動合格境內個人投資者（QDII2）境外投資試點	國務院常務會議決定啟動合格境內個人投資者（QDII2）境外投資試點，這是依託上海自貿試驗區進行金融改革的一大政策亮點	此舉將加快人民幣國際化進程，為投資者拓寬財富增值管道

時間	事件	內容	意義與影響
2015年 10月23日	人民幣現鈔對俄跨境調運管道建立	哈爾濱銀行通過中國人民銀行北京營管部和哈爾濱中心支行的審核批准，經北京海關採用航空運輸的方式成功向俄羅斯亞洲太平洋銀行跨境調運人民幣現鈔500萬元。此次調運是我國首筆由金融機構通過航空方式跨境調運人民幣現鈔，標誌著黑龍江省人民幣現鈔向俄跨境調運管道正式建立	中俄人民幣現鈔跨境調運業務的開展，以俄方商業銀行對人民幣的巨大需求為基礎，是人民幣區域化、國際化道路上的重要一步。人民幣現鈔的充足供應，不僅減少了俄羅斯各商業銀行的匯兌成本和匯率風險，還可降低俄羅斯人民幣市場的現鈔收付費用。此外，在中國和俄羅斯之間建立起人民幣現鈔供應管道，將進一步深化中俄乃至整個絲綢之路沿線國家的經貿往來和經濟金融合作，具有里程碑意義
2015年 10月23日	中國大陸首支非金融企業離岸人民幣債券在新加坡發行	由天津生態城投資開發有限公司發行的國內首支非金融企業離岸人民幣債券近日在新加坡順利發行	有助於推動人民幣離岸市場建設與人民幣國際化進程，也為國內基礎設施行業企業拓展融資管道探索了一條新路
2015年 10月24日	存款利率上限放開	中國人民銀行決定對商業銀行和農村合作金融機構等不再設置存款利率浮動上限	存款利率上限的放開，標誌著我國的利率管制已經基本取消，利率市場化邁出了非常關鍵的一步，這在利率市場化進程中，在整個金融改革的歷史上，都具有重要的里程碑意義

續前表

時間	事件	內容	意義與影響
2015年 10月29日	上交所、德交所和中金所成立中歐國際交易所	上海證券交易所、德意志交易所集團、中國金融期貨交易所在北京就共同成立中歐國際交易所簽署了三方股東協議	中歐所的成立是中國資本市場對外開放的又一重要標誌。中歐所將為中歐企業提供更便捷的金融服務，滿足境外投資者對人民幣證券產品的投資需求，在中國資本市場開放和人民幣國際化進程中扮演了重要角色
2015年 10月30日	上海自貿區推出新金改四十條	《進一步推進中國（上海）自由貿易試驗區金融開放創新試點加快上海國際金融中心建設方案》經國務院同意，予以印發。《方案》指出，按照統籌規劃、服務實體、風險可控、分步推進原則，在自貿試驗區內進行人民幣資本項目可兌換的先行先試，逐步提高資本項下各項目可兌換程度。擴大人民幣境外使用範圍，推進貿易、實業投資與金融投資三者並重，推動資本和人民幣「走出去」	上海自貿區新金改四十條的推出將助力人民幣資本項目可兌換，擴大人民幣境外使用範圍，推動人民幣國際化進程
2015年 11月2日	韓國RQFII額度擴大至1 200億元人民幣	中國決定將韓國人民幣合格境外機構投資者（RQFII）投資額度調增至1 200億元	將進一步促進中韓兩國金融市場發展，擴大雙邊本幣使用

續前表

時間	事件	內容	意義與影響
2015年 11月2日	臺灣放寬人民幣參加行與人民幣清算行平倉規定	臺灣貨幣政策主管部門決定，自11月2日起放寬指定銀行（人民幣參加行）與人民幣清算行平倉規定，同時交易種類放寬為即期、遠匯及換匯均可交易	此次新規放寬了交易範圍和買賣清算幣種，方便全面性交易，一方面可以擴大人民幣參加行現有業務範圍，予以更多服務當地人民幣業務客戶的機會；另一方面增加了客戶選擇的彈性，對提升人民幣交易量有著積極作用，進而推動臺灣離岸人民幣市場的建設，在一定程度上也促進了人民幣國際化的進程
2015年 11月9日	銀行間外匯市場開展人民幣對瑞士法郎直接交易	經中國人民銀行授權，中國外匯交易中心宣佈在銀行間外匯市場開展人民幣兌瑞士法郎直接交易。這是中瑞兩國共同推動雙邊經貿關係進一步發展的重要舉措	開展人民幣兌瑞士法郎直接交易，有利於形成人民幣對瑞士法郎直接匯率，降低經濟主體匯兌成本，促進人民幣與瑞士法郎在雙邊貿易和投資中的使用，有利於加強兩國金融合作，支持中瑞之間不斷發展的經濟金融關係
2015年 11月16日	央行與土耳其中央銀行續簽雙邊本幣互換協議	中國人民銀行與土耳其中央銀行續簽了雙邊本幣互換協議，互換規模由原來的100億元人民幣/30億土耳其里拉擴大至120億元人民幣/50億土耳其里拉	互換協議的續簽有利於便利雙邊貿易和投資，加強兩國央行的金融合作

續前表

時間	事件	內容	意義與影響
2015年 11月17日	新加坡RQFII額度擴大至1 000億元人民幣	經國務院批准，新加坡人民幣合格境外機構投資者（RQFII)額度擴大至1 000億元人民幣	擴大新加坡RQFII額度，是兩國在金融領域深化合作的重要體現，有利於增加新加坡投資者資產配置需求，擴大境內資本市場對外開放，也有利於促進雙邊貿易和投資便利化
2015年 11月18日	中歐國際交易所開業	由上海證券交易所、德意志交易所集團、中國金融期貨交易所共同出資成立的中歐國際交易所在德國法蘭克福開業，首批上線產品包括ETF（交易所交易基金）和人民幣債券	中歐所的順利開業，標誌著中德雙方共同建設的歐洲離岸人民幣證券市場正式開始運行，這是人民幣國際化進程中的重要組成部分，將推動歐洲人民幣離岸市場的發展
2015年 11月23日	馬來西亞獲500億元RQFII額度	經國務院批准，人民幣合格境外機構投資者（RQFII）試點地區擴大到馬來西亞，投資額度為500億元人民幣	RQFII試點地區擴大到馬來西亞，是兩國在金融領域深化合作的重要體現，有利於拓寬境外投資者人民幣資產配置管道，擴大境內資本市場對外開放，也有利於促進雙邊貿易和投資便利化

續前表

時間	事件	內容	意義與影響
2015年 11月25日	首批境外央行類機構入駐中國銀行間外匯市場	首批境外央行類機構在中國外匯交易中心完成備案，正式進入中國銀行間外匯市場。這些境外央行類機構包括：香港金融管理局、澳洲儲備銀行、匈牙利國家銀行、國際復興開發銀行、國際開發協會、世界銀行信託基金和新加坡政府投資公司，涵蓋了境外央行（貨幣當局）和其他官方儲備管理機構、國際金融組織、主權財富基金三種機構類別	境外央行類機構入駐中國銀行間外匯市場不僅是境外機構配置人民幣資產的必要基礎設施和配套條件，提供了便利的本外幣兌換管道和條件並可進行相應的套保。同時豐富了市場的參與主體，有利於加速中國外匯市場融入全球匯市，有助於提升人民幣作為儲備貨幣和結算貨幣的可使用性
2015年 11月26日	央行與歐洲央行完成雙邊本幣互換操作測試	經雙方友好協商，中國人民銀行與歐洲中央銀行分別於2015年4月和2015年11月進行了動用歐元和人民幣資金的測試，資金最終提供給部分中國和歐元區商業銀行。兩次測試均順利完成，流程順暢，未來雙方可根據需要即時啟動互換操作	雙邊本幣互換安排將為雙方貨幣市場的進一步發展提供流動性支持，有利於貿易和投資的便利化，標誌著中國人民銀行與歐洲中央銀行在貨幣金融領域的務實合作取得新的進展
2015年 11月27日	加拿大不列顛哥倫比亞省在中國銀行間債市註冊發行了60億元人民幣債券	中國銀行間市場交易商協會接受加拿大不列顛哥倫比亞省在我國銀行間債券市場發行60億元人民幣債券的註冊	加拿大不列顛哥倫比亞省人民幣債券在銀行間債券市場註冊發行，將進一步擴大債券發行主體範圍，有利於促進我國債券市場對外開放，推進人民幣跨境使用

續前表

時間	事件	內容	意義與影響
2015年11月27日	財政部首次公佈3個月、6個月國債收益率	財政部首次公佈3個月、6個月國債收益率。至此，在公佈1、3、5、7、10年等關鍵期限國債收益率曲線基礎上完善了短端國債收益率曲線。IMF正式將人民幣納入SDR後，「中債3個月期國債收益率曲線」納入SDR利率籃子	3個月期國債的發行，不僅解決了人民幣加入SDR的一大技術障礙，也是加強國內金融市場建設的重要一步。有利於優化國債期限結構，促進財政政策和貨幣政策協調配合，增強國債收益率在金融市場上的定價基準作用，同時豐富貨幣市場工具，有助於貨幣政策的有效傳導
2015年11月30日	國際貨幣基金組織執董會決定將人民幣納入特別提款權（SDR）貨幣籃子	11月30日，國際貨幣基金組織執董會決定將人民幣納入特別提款權（SDR）貨幣籃子，SDR貨幣籃子相應擴大至美元、歐元、人民幣、日圓、英鎊5種貨幣，人民幣在SDR貨幣籃子中的權重為10.92%，美元、歐元、日圓和英鎊的權重分別為41.73%、30.93%、8.33%和8.09%，新的SDR籃子將於2016年10月1日生效	人民幣加入SDR有助於增強SDR的代表性和吸引力，完善現行國際貨幣體系，對中國和世界是雙贏的結果。人民幣加入SDR也意味著國際社會對中國在國際經濟金融舞臺上發揮積極作用有更多期許，中方將繼續堅定不移地推進全面深化改革的戰略部署，加快推動金融改革和對外開放，為促進全球經濟增長、維護全球金融穩定和完善全球經濟治理做出積極貢獻

續前表

時間	事件	內容	意義與影響
2015年11月30日	美國成立人民幣交易和清算工作	組美國多位金融及工商界領袖宣佈,成立人民幣交易和清算工作組,以實現在美國進行人民幣交易和清算	工作組的成立將助力在美建立人民幣交易和清算機制,讓美國機構可以更方便地使用和接收人民幣付款,從而降低交易成本和提高效率,便利和進一步擴大中美雙邊經貿和金融合作,並推動人民幣國際化在美國市場的發展
2015年12月3日	中行發佈首個「一帶一路」人民幣匯率指數	中國銀行發佈首個「一帶一路」人民幣匯率指數(BOC OBORR)及系列子指數,將在新華財經等專業終端即時報價,同時擬定期發佈專業分析報告,反映人民幣對「一帶一路」國家貨幣幣值的整體變動趨勢	這一指數既體現了人民幣國際化的大趨勢,也有助於推動人民幣與「一帶一路」沿線國家貨幣直接結算和交易,有助於推動貿易自由化和投資便利化,對推動人民幣在國際市場,尤其是「一帶一路」沿線國家的認可度和使用度具有促進意義
2015年12月13日	中國與塔吉克斯坦本幣跨境結算正式啟動	人民幣兌索莫尼匯率掛牌交易啟動儀式12月13日下午在烏魯木齊舉行,中國塔吉克斯坦本幣跨境結算正式啟動,今後兩國企業、個人及銀行可以使用本幣和對方國家貨幣開展金融結算往來	人民幣兌索莫尼匯率掛牌交易啟動可以有效暢通兩國貨幣互通管道,有利於新疆擴大與塔吉克斯坦的經貿往來,增進雙方優勢資源開發、能源戰略合作等

續前表

時間	事件	內容	意義與影響
2015年 12月14日	央行與阿聯酋中央銀行續簽雙邊本幣互換協議,阿聯酋獲500億元RQFII額度	中國人民銀行與阿聯酋中央銀行續簽了雙邊本幣互換協議,互換規模維持350億元人民幣/200億阿聯酋迪拉姆不變。雙方簽署了在阿聯酋建立人民幣清算安排的合作備忘錄,並同意將人民幣合格境外機構投資者(RQFII)試點地區擴大到阿聯酋,投資額度為500億元人民幣	標誌著中阿兩國金融合作邁出新步伐,有利於中阿兩國企業和金融機構使用人民幣進行跨境交易,促進雙邊貿易、投資便利化
2015年 12月15日	韓國發行首支主權國家熊貓債	韓國政府在中國銀行間債券市場發行30億元三年期人民幣債券,中標利率為3.00%。這是首個境外主權國家在中國境內發行熊貓債	韓國人民幣主權債券的註冊發行,將進一步豐富銀行間債券市場品種,促進債券市場對外開放,也有利於加強中韓金融合作、深化中韓經貿關係
2015年 12月17日	泰國獲500億元RQFII額度	人民幣合格境外機構投資者(RQFII)試點地區擴大到泰國,投資額度為500億元人民幣	RQFII試點地區擴大到泰國,是兩國在金融領域深化合作的重要體現,有利於拓寬境外投資者人民幣資產配置管道,擴大境內資本市場對外開放,也有利於促進雙邊貿易和投資便利化

續前表

時間	事件	內容	意義與影響
2015年12月18日	美國國會通過了《國際貨幣基金組織（IMF）2010年份額和治理改革方案》	美國國會通過了《國際貨幣基金組織（IMF）2010年份額和治理改革方案》（以下簡稱《2010年改革方案》），這標誌著《2010年改革方案》在拖延多年後即將正式生效。《2010年改革方案》生效後，基金組織份額將增加一倍，從2 385億SDR增至4 770億SDR，並實現向有活力的新興市場和發展中國家整體轉移份額6個百分點。其中，我國份額占比將從3.996%升至6.394%，排名從第六位躍居第三位	央行表示，《2010年改革方案》將提高新興市場和發展中國家在基金組織的代表性和發言權，有利於維護基金組織的信譽、合法性和有效性。未來，中方願與各方密切合作，支援基金組織繼續完善份額和治理結構，確保基金組織成為以份額為基礎、資源充足的國際金融機構
2015年12月21日	中國免除辛巴威2.6億元債務	辛巴威獲得中國免除約4 000萬美元（約合2.6億人民幣）債務，辛巴威央行與中國人民銀行已最終達成協議，自2016年年初起，人民幣將和美元一樣在辛巴威通用	將促進人民幣作為支付手段在辛巴威流通與使用
2015年12月25日	亞投行正式成立	歷經800餘天籌備，由中國倡議成立、57國共同籌建的亞洲基礎設施投資銀行於12月25日正式成立，全球迎來首個由中國倡議設立的多邊金融機構	亞投行正式宣告成立，是國際經濟治理體系改革進程中具有里程碑意義的重大事件，標誌著亞投行作為一個多邊開發銀行的法人地位正式確立。亞投行的成立將帶動人民幣在亞洲的資本流動，擴大人民幣的國際使用

後 記

　　《人民幣國際化報告》由中國人民大學自2012年起每年定期發佈，忠實記錄人民幣國際化歷程，深度研究各個階段的重大理論問題和政策熱點。本報告特別編制人民幣國際化指數（RII），用於客觀反映人民幣在國際範圍內的實際使用程度，以方便國內外各界人士及時掌握人民幣國際地位的發展動態和變化原因。

　　2016年報告的主題為：貨幣國際化與宏觀金融風險管理。課題組聚焦於人民幣國際化新階段的宏觀金融管理問題，對人民幣加入SDR後的宏觀金融政策調整及其可能誘發的國內宏觀金融風險展開深入分析，包括匯率波動和匯率管理，以及跨境資本流動對國內金融市場衝擊、銀行機構國際化風險和實體經濟風險等重要議題。

　　報告建議，要基於國家戰略視角構建宏觀審慎政策框架，防範系統性金融危機，為實現人民幣國際化最終目標提供根本保障。具體而言，一是應當進一步推動匯率市場化改革，完善人民幣匯率制度，從管理浮動逐漸過渡到自由浮動。二是資本帳戶開放要與匯率制度改革相互配合，堅持「漸進、可控、協調」的原則，適應中國經濟金融發展和國際經濟形勢變化的需要。三是應充分借鑒國際經驗，明確當前我國金融監管改革的原則，構建符合中國實際的宏觀審慎政策框架，為加強系統性風險管理提供制度保障。

　　《人民幣國際化報告2016：貨幣國際化與宏觀金融風險管理》由中國人民大學和交通銀行合作研究，由中國人民大學國際貨幣研究所組織撰寫，得到財政金融學院國際金融教學團隊的全力支持，以及統計學院、國際關係學院、法學院師生和交通銀行國際業務部的鼎力合作。多位本校研究生、本科生參與了

資料獲取、資訊處理等基礎性工作。交通銀行展示了商業銀行跨境人民幣業務的實踐經驗與成果。特別感謝國際貨幣研究所學術委員會主任委員、《人民幣國際化報告》前任主編、中國人民銀行副行長陳雨露教授對2016年報告選題、寫作、評審、修改完善等各個環節給予的學術指導。感謝中國人民銀行、國家外匯管理局、商務部、國家發展和改革委員會、中國保險監督管理委員會、中國證券業協會、中國銀行國際金融研究所、交通銀行、中銀香港、國新國際投資有限公司等機構在資料獲取、市場調查以及政策資訊核對等多方面所給予的全面支持。感謝中國人民銀行國際司提供有關人民幣加入SDR貨幣籃子的權威資料。此外，郭松、周誠君、袁曉明、王旻、陳衛東、孫魯軍、曲鳳杰、趙巍、王家強等各界專家多次出席課題組會議，提出中肯的修改意見與建議；國際貨幣研究所曹彤所長、賁聖林所長、向松祚副所長和趙錫軍教授，也為報告的不斷完善貢獻良多。對此我們表示由衷的感謝！

本報告各章節分工如下：

導論：涂永紅、王江、王芳

第1章：涂永紅、王晟先、李勝男、屈宇、趙雪情

第2章：涂永紅、劉陽、吳雨微、黃健洋、陳梓元、馬賽、榮晨、張銅鋼、石峰睿

第3章：王芳、趙然、胡天龍、林俊廷、陳嘉文、朱佳慧、任丹陽、吳伊凡、曲強

第4章：王芳、涂永紅、趙然、付之琳、姚瑜琳

第5章：何青、張策、甘靜芸、高露易絲、那顯冉、趙雪情

第6章：剛健華、錢宗鑫、黃紀元、高翔

第7章：羅煜、鄂志寰、鄒宇、王瀟、魏猛、連平、李英杰

第8章：戴穩勝、胡波、涂永紅、李勝男、丁曉紅

第9章：宋科、李戎

第10章：涂永紅、王芳

附錄1：王芳、趙然

附錄2：彭芸

附錄3：剛健華、錢宗鑫

附錄4：羅煜、王瀟、鄒宇、魏猛

附錄5：卜永祥

附錄6：張文春、張敖芳、張夢琪

附錄7：董熙君

中國人民大學國際貨幣研究所

2016年6月

AA101006

人民幣國際化報告 2016〈下冊〉：
貨幣國際化與宏觀金融風險管理

作　　者　中國人民大學國際貨幣研究所
版權策劃　李　鋒

發 行 人　陳滿銘
總 經 理　梁錦興
總 編 輯　陳滿銘
副總編輯　張晏瑞
編 輯 所　萬卷樓圖書 (股) 公司
特約編輯　吳　旻
內頁編排　林樂娟
封面設計　小　草
印　　刷　維中科技有限公司

出　　版　昌明文化有限公司
　　　　　桃園市龜山區中原街 32 號
電　　話　(02)23216565
發　　行　萬卷樓圖書 (股) 公司
　　　　　臺北市羅斯福路二段 41 號 6 樓之 3
電　　話　(02)23216565
傳　　真　(02)23218698
電　　郵　SERVICE@WANJUAN.COM.TW
大陸經銷
廈門外圖臺灣書店有限公司
電郵 JKB188@188.COM

ISBN 978-986-496-392-8
2019 年 2 月初版一刷
定價：新臺幣 400 元

如何購買本書：
1. 劃撥購書，請透過以下帳號
　 帳號：15624015
　 戶名：萬卷樓圖書股份有限公司
2. 轉帳購書，請透過以下帳戶
　 合作金庫銀行古亭分行
　 戶名：萬卷樓圖書股份有限公司
　 帳號：0877717092596
3. 網路購書，請透過萬卷樓網站
　 網址 WWW.WANJUAN.COM.TW
　 大量購書，請直接聯繫，將有專人
　 為您服務。(02)23216565 分機 10
如有缺頁、破損或裝訂錯誤，請寄回
更換

國家圖書館出版品預行編目資料

人民幣國際化報告 . 2016：貨幣國際化與
宏觀金融風險管理 / 中國人民大學國際貨
幣研究所著 . – 初版 . – 桃園市：昌明文化
出版；臺北市：萬卷樓發行 , 2019.02
　 冊；　公分
ISBN 978-986-496-391-1(上冊：平裝). –
ISBN 978-986-496-392-8(下冊：平裝)
1. 人民幣 2. 貨幣政策 3. 金融管理 4. 中國
561.52　　　　　　　　　　108002455